KB093559

이화형 교수의 근대여성 이야기 **1**

열정에서 소외까지, 신여성

이화형 교수의 근대여성 이야기 ❶

열정에서 소외까지, 신여성

초판 1쇄 인쇄 · 2022년 10월 5일
초판 1쇄 발행 · 2022년 10월 12일

지은이 · 이화형
펴낸이 · 한봉숙
펴낸곳 · 푸른사상사

주간 · 맹문재 | 편집 · 지순이 | 교정 · 김수란, 노현정
등록 · 1999년 7월 8일 제2-2876호
주소 · 경기도 파주시 회동길 337-16 푸른사상사
대표전화 · 031) 955-9111(2) | 팩시밀리 · 031) 955-9114
이메일 · prun21c@hanmail.net / prunsasang@naver.com
홈페이지 · http://www.prun21c.com

ⓒ 이화형, 2022

ISBN 979-11-308-1958-7 03300
값 16,500원

지식에세이

8

이화형 교수의 근대여성 이야기 ❶

열정에서 소외까지, 신여성

푸른사상
PRUNSASANG

여성에 앞서 인간이다

나는 남성이지만 오랫동안 여성 문제에 관심을 갖고 연구를 해왔다. 이 세상을 함께 살아가는 여성들이 남성에 비해서 차별을 받고 있는 현실에 대한 비판적 인식이 바탕이 되었다. 다른 한편으로는 인간이 인간답게 살아갈 수 있는 가능성을 여성이 가진 여러 미덕들에서 찾을 수 있다는 생각이 있었다. 그중에서도 한국연구재단의 지원으로 12명의 팀을 꾸려 3년간 근현대 여성잡지를 모두 검토하여『한국 근대여성들의 일상문화』(전9권, 2004)와『한국 현대여성들의 일상문화』(전8권, 2005)를 출간함으로써 방대한 자료를 정리한 것은 참으로 보람 있는 일이다. 그 뒤로『뜻은 하늘에 몸은 땅에』(2009),『여성, 역사 속의 주체적인 삶』(2016) 등으로 여성 연구는 계속되었다.

그러나 이러한 연구들이 대중과는 거리가 있다는 점이 늘

아쉬웠던 차에 한국 여성에 관한 지식을 많은 독자들과 공유하려는 의도로 '지식에세이'라는 이름의 총서(9권) 출간을 기획하였다. 그래서 2017년 1차로 '전통여성'에 관하여 『주체적 삶, 전통여성』, 『융합적 인재, 신사임당』, 『강직한 지식인, 인수대비』 등 3권의 저서를 간행했다. 그리고 2019년부터 2차로 '기생'에 대하여 『꽃이라 부르지 마라』, 『황진이, 풍류와 지성으로 살다』, 『이매창, 순수 서정으로 빛나다』 등 3권의 책을 출간했다. 이제 3차로 '신여성'에 관하여 『열정에서 소외까지, 신여성』을 세상에 내놓게 되었다. 이 1권은 총론이고, 앞으로 간행될 2권과 3권은 신여성을 대표하는 나혜석과 김일엽에 대한 것이다.

내 가까이에 있는 여성학 전공자가 여러 번 조언을 해준 적이 있다. 오래전부터 세워놓은 계획에 따라 '신여성'에 관한 저술 출간을 준비하려는 나에게, "기생 전문가인데 기생에 집중하는 게 어떠냐?"는 것이었다. 하기는 한참 기생에 대한 논문이 발표되고 특강을 하고 다니는 것을 알았기 때문이리라. 게다가 '신여성'에 대해 너무 많은 책이 나와 있어 새로운 얘기를 하기가 어려울 것이라고 덧붙였다. 물론 도움이 되는 말이겠지만 선뜻 수용하고 싶지 않았다.

'신여성'에 대해 집필하지 않으면 안 되는 나만의 특별한 이유가 있다. 많은 연구자들이 '신여성'에 관해 분석적인 논의를 했지만 늘 '가부장제'로 짓누르는 전통여성과 대척 지점에서 신여성을 언급하는 경향이 짙었다. 즉 전통여성에 대해 깊은 통찰 없이 신여성만을 부각시키는 것은 아닌가 하는 의구심이 떠나지 않았다. 다시 말해 한 사람이 일관된 시각을 갖고 한국 여성 전체를 대상으로 논의한 경우는 거의 없었다고 보기 때문에 이 책을 쓰고자 했다. 따라서 나는 계획대로 '주체'라는 키워드를 가지고 한국 여성사의 흐름 속에서 '신여성'을 다뤄보고자 한다. 이는 신여성 이전의 자유로운 존재였던 '기생'이나 내적 주체의 삶을 산 '전통여성'과의 비교를 통해 '신여성'의 정체성을 밝히는 것이 좀 더 설득력이 있을 것이라는 원론적인 데서 출발하기도 한다.

한편 '신여성'이라고 하면 '구여성'과 대조되는 의미로 사용되는 어휘이나 신교육, 신학문, 신문명 등 '신'이 들어가는 말들은 대부분 긍정적으로 인식되는 데 비해 '신여성'이라고 하면 상당히 부정적인 이미지로 인식되기도 한다. 그 원인은 여성 억압적인 우리들의 왜곡된 태도에 있을 것이다. 그 첫 번째로 김활란이 "남녀 평등이란 하늘이 부여한 권리인데 남성들이 그것을 시인하느니 부인하느니 하는 자체가 부당하다."라고 한 바와 같이 남성들에 의해 조작된 남성 우월적 프레임을 무비판적으로 수용한 여성들 내부에도 문제가 있다.

두 번째는 나혜석의 "껑충 뛰는 자를 비록 입으로는 비난하더라도 마음으로는 존경을 표하는 것이다."라고 한 말처럼 주체적이고 잘난 여성에 대해서는 거부감을 갖는 비문명적 사회 탓이라 할 수 있다.

비록 성공은 못 했더라도 새 시대를 여는 데 혼신을 다했던 신여성의 노력에 대해 '열정에서 소외까지'라는 표제어를 붙이고 한국 여성문화를 체계적으로 이해하기 위해 전통여성과 기생들에게 적용했던 방식으로 그녀들에 관해 여성교육, 섹슈얼리티, 젠더의 측면에서 다뤄보고자 한다.

나혜석이 소설 속의 주인공을 통해 "먹고만 살다 죽으면 그것은 사람이 아니라 금수이지요."라고 했듯이 교육의 가치를 깨닫고 학교를 설립했으며 주체적 각성과 인격 형성을 위한 여성교육의 목표를 실천하고자 애썼던 신여성들이야말로 주목받아 마땅하다. 다만 근대 초기 또는 식민지 상황에서 교육적 갈등과 혼란은 피할 수 없었다.

신여성들은 몸의 노출과 연관된 패션을 통해 자아를 표현했다. 자유로이 사랑하고 결혼했으며 과감하게 성욕을 드러내고 동성애에 빠지기도 했다. 여의치 않을 경우 도피하거나 자살하는 등 훼절로 인해 비난을 받기도 했다. "진실한 사랑을 상대에게 온전히 바칠 수만 있다면 언제든지 처녀로 자처할 수 있다."는 '신정조론'을 주장하며, 불행한 결혼에는 이혼으로 맞서며 때로는 사통과 동거도 불사했다. 빈곤과 욕망 속에 성이 상품화되기도 했다.

신여성들은 지적 성취와 경제적 자립을 위해 전문직에 취업하기 시작했다. 서비스업에 종사하고 공장 노동자로 살아간 하위계층 여성들은 근대적 노동주체 세력으로 등장하였다. 신여성들은 자신들의 권리를 찾기 위한 여성운동을 전개했으며, 국권 회복을 위한 독립운동에 기개를 보이기도 했다.

오랫동안 소외되어온 이 땅의 많은 여성들에게 이제 행복을 돌려주어야 할 책임이 우리들에게 있다. 특히 봉건적 잔재, 식민 통치 등 몇 겹의 억압을 뚫고 사회적 자아로서의 책무를 다하고자 했던 신여성들은 선각자로서 대우받아 마땅하다. 이 책에서는 정체성을 잃지 않으려 최선을 다했던 신여성들의 주체적인 삶을 정확하게 밝히는 데 주력하였다.

이 총서 출간에 기꺼이 함께해주신 푸른사상사 한봉숙 대표님께 깊이 감사드리며, 김수란 팀장을 비롯한 편집진의 노고도 잊을 수 없다.

2022년 가을
書川齋에서
이화형

제3부 사회 발전의 초석이 되다

프롤로그

 내가 대학에서 강의하면서 학생들에게서 느낀 것 중의 하나가 생활의 '자유'가 아닌가 한다. 간혹 신입생들 가운데는 강의 도중에 예의 바르게 "교수님, 화장실에 다녀오겠습니다."라는 말을 하고 나가는 학생들이 있다. 아마 고교 시절의 바른 습관이 아직 남아 있기 때문일 것이다. 대학에 들어오면 모든 게 자유다. 공부도 하고 싶은 분야를 자기 마음대로 선택하면 되고, 학교에 안 나와도 교수가 학부모에게 전화 거는 일이 없다. 학교에서 연애를 해도 누구 하나 섣부르게 간섭하지 않는다. 큰 배움터인 대학에서는 획일화된 규범의 통제에서 탈출하고자 하는 인간의 욕망(열정)을 함부로 억압하지 않는다.

 지식인 사회에서 1910년대부터 쓰이기 시작하여 1920년대 대중적인 용어가 된 신여성[1]은 근대적인 교육, 소비(외양), 의식 등 여러 요소를 기준으로 정의될 수 있을 것이다. 다시 말해 가부장적 질서로부터 새로운 풍경의 근대를 열어간 신여성을 규정하는 말들은 많이 있다. 그러나 자아실현을 위한 탈출이나 욕망을 빼놓고는 신여성을 이야기하기 어려울 것이다. 몸과 마음에서의 탈출을 비롯하여 제도로부터, 가정으로부터, 농촌으로부터, 식민지로부터의 탈출은 물론 배우고 싶고, 성욕을 분출하고 싶고, 일하고 싶은 욕망 등이야말로 신여성을 설명하는 적절한 요소라고 본다. 신여성은 가부장적 통제와 단절할 수 있는 미래를 향해 탈출하고 욕망하는 근대적 주체라 할 수 있다.

한편 욕망을 지닌 신여성은 현실의 직시 속에서 분열(소외)을 겪지 않을 수 없었다. 현실의 상황이 부정적일수록 서구에 대한 동경은 절실했고 서구를 이상화할수록 자신들의 입장은 견디기 힘든 상황으로 다가왔다. 근대와 전통, 이념과 현실, 여성과 남성, 개인과 집단, 자유주의와 사회주의 등 다양

1 신여성의 개념은 교육 정도, 경제활동 여부 등 여러 가지의 기준으로 설명될 수 있을 것이다. 임옥희는 신여성의 개념과 관련하여 중요한 부분은 근대적인 교육과 외양이 아니라 근대적인 여성의식이라 했다.(임옥희,「신여성의 범주화를 위한 시론」,『한국의 식민지 근대와 여성공간』, 여이연, 2004, 78~84쪽).

한 갈등이 일어났다. 또한 여성의식이 민족의식과 조화를 이루기 어려운 식민지적 공간 속에서 신여성들의 갈등과 소외는 심화되었다. 아무리 현실이 절망적이어도 떠날 수 없는 처지에서 신여성에게는 탈출과 수용의 마음이 중첩되어 나타났고 그러한 자아의 분열과 소외가 바로 신여성의 일부가 되었다.

가령 급진적 신여성들이 1920년대 이전 가부장 질서에 반항하며 도전과 욕망의 열정을 드러냈다면, 1930년대 이후 남성 지배적인 보수적 분위기가 강화되는 가운데 다른 신여성들은 갈등과 분열의 소외를 경험해야 했다. 시간적으로 저항이 지난 뒤 동화되어야 했고, 열정(이상)이 식은 다음에 소외(세속)로 수렴될 수밖에 없었다. 물론 신여성 각자가 한 발은 근대에 딛고 다른 발은 전통에 걸쳐야 하는 자아 내부의 분열도 피할 수 없었다. 즉 시대의 변화에 따른 집단적 인물들 간의 차이와 다르게 신여성 개인 스스로 자신의 일정한 삶 속에서 끊임없이 분열과 소외의 중심에 서야 했다.

이러한 갈등과 고뇌의 현상은 오늘날의 여성들에게서도 크게 다르지 않게 나타난다. 특히 1930년대 식민지 체제가 공고해지고 경제적 현실이 비참해짐에 따라 기존 질서에 대항하던 신여성의 욕망이 사치와 허영으로 비판받고 소외되었음에도 불구하고 1920년대까지의 신여성들이 보여준 새로운 사회의 동경과 인습을 깨기 위한 도전으로서의 욕망이나 열정이 지닌 선구적 의의는 간과할 수 없다.

근대적 여정 속에서 교육은 여성의 지위에 가장 크게 영향을 미쳤으며, 여성들의 공식적인 탈출과 욕망은 학교교육을 통해서 이루어졌다. 우리가 특별히 주목하게 되는 것은 식민지 상황에서 여성들 스스로 여학교를 세우려 했다는 점이다. 여성교육의 기회는 제한적일 수밖에 없었으나 근대적 교육시설이 나타나면서 규방 속의 여성들은 사회의 일원으로 등장하게 되었다.

김명순이 「탄실이와 주영이」에서 서녀로서 억압을 받았던 탄실이로 하여금 교육을 통해 신분을 넘어서게 하려 했던 바와 같이 여성교육의 목표를 여성의 사회적 각성과 인격적 성취에 두고자 했던 점은 큰 성과이다. 다만 개화 초기와 식민 통치기에 교육목표가 현모양처의 육성이나 노동력을 위한 실업교육 강화 등의 양상을 보인 점은 아쉬움으로 남는다.

교육현장의 혼란스러움은 피할 수 없다. 내외법의 잔존으로 여학생 모집이 매우 어려웠으며, 선교사들의 여성교육 방식이 서구적이었던 점이나 일제의 교육정책에 의한 부덕의 강조 등은 여성의 기대에 못 미쳤다. 교육과정의 불안정, 학교의 물적 미비 등의 부족함도 많이 드러냈다. 그러한 열악한 교육적 여건 속에서도 여성들은 근대적 정체성을 잃지 않으려 애썼다.

패션의 유행은 소비를 통해 억눌린 자아를 표현하고, 타자로부터 인정을 받고 싶어 했던 신여성들의 각성의 소산이었다. 여성들은 자기 몸의 노출과 패션을 통해 비로소 자신이 욕망의 주체임을 깨닫게 되었다. 단발머리에 앙증맞은 모자를 쓰고 높은 구두를 신었으며, 한복의 상의가 길어지고 치마가 짧아진 것은 맨발을 드러내지 않았던 조선의 상황을 뒤집어놓은 것이다.

연애는 근대적 명분을 얻으면서 지배적 혼속이던 조혼 등의 강제결혼을 거부하는 반역의 기호가 되었다. 곧 이 땅의 지식인들과 대중들을 파고들며 새로이 학습된 열정[2]으로서의 근대의 자유로운 연애는 결혼으로 이어지는가 하면 여의치 않을 경우 애정 도피에 자살까지 수반했다. 신여성들은 인습을 깨는 아픔과 훼절이라는 사회적 비난의 이중고를 감수해야 했다.

자유연애의 바람은 이혼을 부추기기에 충분했고 이혼의 합법화는 사랑이 없는 결혼은 당연히 이혼해야 한다는 인식을 확산시켰다. 무엇보다 자유연애 및 결혼 속에 내재된 정조관

---

2   권보드래, 『연애의 시대』, 현실문화연구, 2003, 92쪽.

의 변화는 이혼 사건의 급증을 가져왔다. 지금도 크게 다르지 않지만 신여성의 이혼은 사실 불륜과 직접적인 관련이 있는 편이었다. 자유로운 사상과 연애는 동거나 간통으로 이어지기 쉬웠다.

근대화 시기 여성 지식인들은 직업을 통해 경제적 독립을 이룰 때 여성을 옭아매는 구속들을 벗어버리고 당당한 인간으로 살 수 있음을 자각하게 되었다. 1920년대 이후 인텔리 신여성의 대표적인 직업으로는 교사, 의사, 기자, 예술가 등의 전문직을 들 수 있는데, 근대가 여성들에게 제공한 새로운 직업들은 예전과 다른 공간 경험을 갖게 했다.

피폐한 농촌을 떠나 도시로 들어간 여성들에게 직업은 생존과 직결되는 문제였다. 그러나 버스안내양이나 전화교환원 등의 서비스직과 함께 자영업 또는 공장 노동직 등은 도시 문명이 낳은 첨단의 직업으로서 여성들이 선망하던 일자리이기도 했다. 대중문화 확산의 주역이자 생산적 주체로 활동한 이들을 진정한 의미의 신여성이라 하는 것도 무리가 아니라 본다.

신여성들은 여성을 억압했던 관습을 타파하고 정체성을 확립하며 사회적 책무를 다하고자 여성운동을 전개하였다. 최초로 여성단체인 찬양회가 결성되었으며 근우회가 탄생하면서 한국 여성운동의 절정기를 맞게 되었다. 여성운동은 국권

열정에서 소외까지, 신여성

수호 의지를 고양시키는 애국운동으로 승화되었고, 1930년 대 후반에는 민족해방을 위한 무장투쟁으로 선회했다.

　신여성에 대한 이야기가 궁극적으로 오늘날의 여성들에게 얼마나 가치로 이어지고 반면교사로 작용하게 될 수 있을지 궁금하며, 우리가 바람직한 미래의 여성상을 제시하는 데 조금이나마 일조하길 기대한다. 이러한 생각 속에 필자는 전통여성에서부터 기생을 거쳐 근대여성까지 서로를 비교하는 관점을 유지하면서 한국 여성 전반의 삶과 문화를 진단해보고자 했으며, 근대여성의 범주를 신여성을 중심으로 일반여성까지 잡았다.

제1부

근대적 여성교육에 앞장서다

1
여학교를 세워나가다

조선 후기 천주교의 확산은 신 앞에 인간은 평등하다는 이념을 불러일으켰고 동학 역시 사람이 곧 하늘이라는 인간 존중의 정신을 자각하게 했다. 게다가 강화도조약 이후 서구 사상이 유입되면서 우리 여성들의 의식에 변화가 일기 시작했다. 개화사상이 사회 전반에 확대되면서 남녀 불평등의 구조를 개선하기 위해 가장 먼저 고민해야 할 문제는 여성교육이었다.

남성 지식인들이 남녀 불평등을 지적하면서 여성교육의 필요성을 제기하고 나섰음은 주목할 만하다. 누구보다도 먼저 박영효(1861~1939)는 1888년 일본에서 고종에게 올린 상소문을 통해 여학교를 설립하여 남녀가 똑같이 교육을 받을 수 있게 해야 한다고 주장하였다. 서재필(1864~1951)에 의해 조직된 독립협회는 논설을 통해 "조선서는 계집아이들은 당초에 사람으로 치지를 아니하야 교육을 아니 시키니 전국 인구 중의 반은 그만 내버려졌는지라 어찌 아깝지 않으리오."[1]라고 개탄했다. 여성해방이 교육에 의해 가능함을 인식한 많은 언론에서는 여학교의 설립을 정부에 강력히 요구하였다.

근대사회의 수립과 여성의 근대화를 위해서는 근대적인 여성교육이 절실히 요구되었으므로 여성들 스스로 여성단체를 조직하고 여성운동을 펼치면서 여학교 설립에 앞장서야 했다. 여성들은 근대문명의 상징이라는 학교를 통해 근대성과 여성성을 확보해갈 수 있었다.

최초의 여학교와 기독교계 학교

1909년 민적법이 제정되기까지 여학생들의 이름이 없을 정도로 근대화 초기 여성의 인권은 초라하기 그지없었다. 유교적 관념이 뿌리내린 사회에서 우리의 여성 교육기관의 설립은 서구 사회보다 거의 100년 뒤에 이루어졌다. 1886년 감리교 선교사인 미국인 스크랜턴(M. F. Scranton, 1918~2015) 여사가 이 땅에 들어와 최초로 여자들에게 학교교육을 실시했

1　『독립신문』 66호, 1896. 9. 5.

다. 그녀는 서울시 정동에 있던 한옥의 자기 방에서 겨우 한 사람의 제자를 데리고 개교했다. 그 여성은 김 부인으로 불리는 정부관리의 첩으로 영어를 배워 왕비의 통역관이 되고 싶다는 포부를 밝혔다. 이듬해에 학생수가 7명으로 늘어나자, 명성황후(1851~1895)가 '이화학당'이라는 교명을 내려주었다. 당시 이화학당에 다닌 여학생들은 양반의 기생첩이거나 고아 또는 가난한 집 아이였다.

1890년대 말부터 1900년대 초에 여성 선교사들에 의해 전국의 주요 도시마다 기독교여학교가 세워지기 시작했다. 기독교에 의한 여학교의 출범은 정부 및 민간인들의 여학교 신설에 영향을 미쳤을 뿐만 아니라, 남녀 평등사상을 일깨우며 여성의 사회 참여 의식을 고취시키는 계기가 되었다.

1892년에는 영화(인천), 1985년에는 일신(부산), 1897년에는 숭현(평양), 1898년에는 배화(서울), 1899년에는 정의(평양), 1902년에는 멜본딘(군산), 1903년에는 숭의(평양), 누씨(원산), 정명(목포), 1904년에는 호수돈(개성), 진성(원산), 1907년에는 보성(선천), 수피아(광주), 신명(대구), 기전(전주), 1908년에는 숭정(영변), 1909년에는 보신(성진) 여학교를 세웠다.

1920년대까지 한국 여성들이 들어갈 수 있는 학교는 소수의 공립여학교를 제외하고는 기독교계통의 여학교들이 많았다. 당시 전국의 여학교 가운데 한국 사회에 민족의식의 고양과 민주주의의 발판을 마련한 주역은 기독교학교였다고 할 만하다. 이화학당의 경우는 1910년에 이미 보통과, 고등과, 대학과를 겸비하여 유기적인 교육체계를 갖추고 있었다. 여권운동의 지도층도 한일합병 전까지 양반가 부인이던 것이 1910~1920년경 대체로 기독교 교육을 받은 여성층으로 바뀌게 되었다.[2]

일제가 1930년대 이후 전시 체제를 명분으로 학교를 탄압하기에 이르러 여학교들의 존속과 경영은 더 힘들었는데, 이 시기에도 이화, 배화, 호수돈, 정의, 누씨, 영생 등 기독교 계통의 명문 여학교들이 꿋꿋하게 버티고 있었다. 이와 같이 조선 여성의 근대교육에서 차지하는 서구의 기독교 선교사들의 업적은 결코 가볍지 않다.

한국인에 의해 세워진 최초의 사립여학교

1898년 9월 1일 서울 북촌에 사는 양반집 부인 300여 명이 발표한 「여학교 설시 통문」은 한국 여성들에 의한 최초의 교육평등권 요구였다.[3] 이 통문 발표에 참여했던 여성들은 즉

2   이화형, 『여성, 역사 속의 주체적인 삶』, 국학자료원, 2016, 354쪽.
3   박용옥, 『한국근대여성운동사연구』, 한국정신문화연구원, 1984, 58쪽.

시 한국 최초의 여성운동 단체인 찬양회를 조직하였다. 찬양회 소속의 100여 명은 대궐문 앞으로 나아가 공립여학교 설립을 청원하는 상소문을 고종황제에게 올렸다. 정부의 완강한 반대에 부딪치자 찬양회는 일단 1899년에 초급 과정의 순성여학교를 개교하였다. 공립으로 전환시킬 목적으로 개교한 이 순성여학교는 한국 여성에 의해 설립된 최초의 사립여학교인 셈이다. 그러나 경영의 어려움을 이기지 못한 채 순성여학교는 1901년에 문을 닫아야 했다.

그 후 우리 여성들은 여성교육을 시대적 과제로 알고 여성단체를 결성하고 여학교 설립을 추진해나갔다. 1906년 양규의숙을 후원하기 위해 조직된 여성단체이자 여성교육을 목적으로 설립된 첫 여성단체가 여자교육회이다. 우리나라에 '현모양처'라는 말이 처음으로 등장한 것도 양규의숙의 설립 취지문이다. 여자교육회는 비록 친일적인 단체이긴 하나 여성들의 사회화, 의식화에 기여한 바 있다. 한편 1907년 진명부인회가 여성교육과 사회 발전을 목표로 출범했는데, 민족주의적인 여성들에 의해 설립된 첫 여성단체로서의 의의가 컸다. 이 밖에도 교육과 관련된 여성단체들이 속속 탄생되었다.

1905년 통감부 설치 이후의 교육정책의 기본 방침은 민주주의 전파에 앞장서는 기독교학교와 민족주의적 사립학교에 대한 통제에 있었다. 이에 맞서 구국을 위한 사회적 분위기를 타고 국민의 교육열이 급상승하면서 여학교의 설립이 활발해졌다. 이 시기 애국적 의지 속에 민간인들에 의해 신설된 대표적인 여성 중등교육기관은 진명여학교, 숙명여학교, 동덕여자의숙 등이다.

1906년 엄준원(1855~1938)은 누이인 순헌황귀비(1854~1911)의 내지(內旨)를 받아 서울 종로구 창성동에 진명여학교를 설립하고 초대 교장에 취임했다. 진명은 이와 같이 황실이 세운 최초의 사립여학교이다. 고종의 계비이자 조선의 마지막 황태자 영친왕의 모친인 순헌황귀비는 서른 넘어 상궁이 되어 명성황후를 모시다가 고종에게 승은을 입고 후궁 자리에 올랐던 인물이다. 동덕여자의숙은 1908년에 최초로 민간인 조동식(1887~1969)에 의해 설립된 여학교로서 일제의 야만적 획책에 단호히 맞선 민족적 여성교육의 산실이었다.

일제는 사립학교 신설을 규제하려 애썼으나 민족의 선각자들은 국권 회복의 차원에서 학교 설립에 박차를 가했다. 을사조약 이후 북한에서 활동하던 한 선교사의 기록에 따르면 일제 통치자들은 "한국인은 세 사람만 모이면 학교를 세운다."[4]며 빈정거렸다고 한다. 민간인에 의한 여학교의 설립이 증가

4　『한국근대교육사관계사료』, 韓 80호, 1978, 119~120쪽.

하면서 1920년 말에 이르러서는 여성교육이 보편화되었고
식민 시기 후반으로 갈수록 공립에 비해 사립여학교가 더 많
아졌다. 여학교가 출범한 1886년부터 광복 전까지 전국에 설
립된 여성 중등교육기관은 사립여학교 149개, 공립여학교가
56개였다.

최초의 공립여학교 탄생

개화기에 있었던 신식 여학교는 설립 주체에 따라 크게 셋
으로 나눌 수 있다. 선교사들에 의해 세워진 기독교여학교,
민간인에 의해 설립된 사립여학교, 정부에 의해 설립된 공립
여학교이다. 국가권력에 의한 여성 교육기관의 설립은 가장
늦게 이루어졌는데, 사립 진명여학교 설립 2년 후인 1908년
에 공립 한성고등여학교가 출범하였다.

일찍이 언론[5]에서는 정부가 남학교와 똑같은 비율로 여학
교를 세워야 한다고 주장한 바 있다. 그리고 1898년 여성의
지위를 위해 조직된 찬양회가 공립여학교 설립 운동을 전개
한 지 10여 년이 지나 정부에 의한 여학교가 설립되기에 이
르렀다. 이렇듯 시민사회 차원에서 제기된 여성들의 요구를

---

5   『독립신문』, 1896. 5. 12.

국가가 소극적으로 수용하는 방식에서 여성 교육기관이 제도화되었다.

한성고등여학교 신설 2년 전에도 언론에서는 "오호라, 학부는 전국 인민을 교육시키는 책임을 가지고 최근 몇 해에 관립여학교 하나 실시한다는 소문이 없으니 학부 관리가 완고하여 구습만 생각하고 신세계의 형편을 몰라서 그러한가. 재정이 군졸하여 경기할 힘이 없이 그러한가."[6]라고 공립여학교 하나 없는 현실을 개탄하며 여학교 설립을 권고한 바 있다.

한성고등여학교가 신설되자 순종의 비 순정효황후(1894~1966)는 여성교육을 장려하는 「여성교권학칙어」를 내려 학교 창립을 축하했다. 한일합병과 동시에 한성고등여학교는 경성여자고등학교로 바뀌었다가, 다시 경기여자고등학교로 개칭되어 오늘에 이르고 있다. 그 후 1914년에 평양에, 1926년에 전주와 대구에, 그리고 1927년에 부산과 광주에 각각 공립여학교가 설립되었다.[7] 해방 전까지 일제가 세운 여학교의 수는 16개로서 일본인 고등여학교 수 45개의 3분의 1밖에 되지 않았다. 한편 당시 남자 공립고등학교 수는 26개였다.[8]

6   『국제신문』 1906. 4. 11.
7   김경일, 『여성의 근대, 근대의 여성』, 푸른역사, 2004, 282쪽.
8   윤혜원, 「개화기 여성교육」, 『한국근대여성연구』, 숙명여대 아세

보통학교에 여자학급 설치

지금의 초등학교를 가리키는 보통학교의 명칭은 계속해서 변모하였다. 우리나라 최초의 근대적인 초등학교는 1894년에 설립된 공립소학교로서 한성사범학교 부속 소학교이다. 1895년에 공포된 '소학교령'에 따라 발족된 소학교라는 명칭은 1906년부터 보통학교라 고쳐 불렀고 1938년부터는 다시 심상소학교라 부르다가 1941년부터는 국민학교라 호명하던 것을 1996년에 이르러 오늘날과 같이 초등학교라 부르게 되었다.

20세기 초 여성교육에 대한 관심이 한층 고조되기는 했지만 1908년 전까지 모든 사립여학교는 초등에서 중등 정도의 교육을 망라한 체제였다. 고등여학교는 창설되었으나 보통학교 출신의 여학생이 있을 리 만무했다. 드디어 남자만 수용하던 보통학교에 여자 학급을 설치할 수 있다는 칙령이 1908년에 '고등여학교령'과 함께 발표되었다. 그리하여 같은 해 함흥, 여주, 군산, 대구 등 4개 공립학교에 여자 학급이 부설되었다. 이어 1909년에는 공립경성보통학교를 비롯하여 평양, 개성, 강화, 전주, 마산, 목포 등의 보통학교에 여자부가

아여성 문제연구소, 1987, 171쪽.

한 학급씩 신설되었다.

보통학교 설립은 1930년대 초반까지 거의 답보 상태였다
가 1938년에 22개교에서 1942년에 33개교로 늘어나 불과 4
년 사이에 50%의 증가율을 보였다.[9] 물론 남성의 경우와 달
리 여성의 초등교육에서는 공립보다 사립학교의 비중이 컸
다. 그러나 학생 수의 증가에도 불구하고 해방 직전까지 여성
의 초등교육 비율은 남성의 절반에도 미치지 못할 만큼 부진
했다.

여자전문학교의 출범

구미에서는 이미 19세기 전반에 여자대학이 설립되었으나
우리나라 여성의 고등교육은 1910년 이화학당에 대학과가
개설되면서부터 시작되었다. 이화가 전문학교로 인가가 난
것은 1925년의 일이다. 1930년대 중반에 이르기까지도 다른
여성 고등교육기관이 등장하지 않았다. 여성교육의 목표가
식민 통치의 전략에 부합됨을 확인할 수 있다.

정순덕은 1925년에 "고등보통학교 이상의 여자교육 시설

---

9   김경일, 「식민지 조선의 여성교육과 신여성」, 문옥표 외, 『신여성』,
     청년사, 2003, 129쪽.

이 하나도 없는 것이 소위 사회 유지자들 사이에 의논거리도 되지 못하는 것을 보면 조선 여자의 완전한 해방은 아직도 앞길이 너무도 멀다고 할 것입니다."[10]라고 안타까움을 호소한 뒤 인간답게 살기 위해서는 지식이 있어야 하고 그걸 위해서는 배워야 한다고 간곡히 주장했다. 당시 여성교육의 가장 큰 과제는 이같이 고등교육기관의 설립이었다.

1920~30년대에 있었던 법전, 의전, 농전, 공전 등의 전문학교에서도 여학생은 거의 찾아보기 힘들었다. 여자 전문교육에서 가장 비중을 차지하는 것은 보육이었으며, 이화보육학교(1914) 등 유치원 교사를 양성하는 보육학교가 1910년대 이후 지속적으로 설립되었다. 1928년에 설립된 한국 최초의 여성 의학교육기관인 조선여자의학강습소(→경성여자의학강습소)를 비롯하여 1933년 당시 5개 정도의 전문학교가 있었다. 초등 교원을 양성하기 위해 1935년에는 공립으로 경성여자사범학교가, 1938년에는 공주여자사범학교가 창립되었다. 1938년에 최초의 여성 의학전문학교인 사립 경성여자의학전문학교(←경성여자의학강습소)가 출범하였다. 1939년에 일반 여자전문학교로 숙명여자전문학교가 설립되었다.

10 정순덕, 「상급학교에 갈 수 없는 졸업처녀의 고민」, 『신여성』, 1925. 11.

일제 말기 여성이 입학 가능한 여자전문학교는 더욱 감소하여 이화여자전문학교, 숙명여자전문학교, 경성여자의학전문학교에 불과했다. 일제 권력은 여성의 고등교육기관을 전문학교로 한정시켰다고 볼 수 있다.

신여성들이 여학교를 설립

신여성이란 넓게는 구한말에서 일제강점기까지 신식 교육을 받고 자기주장을 하던 여성을 가리키며, 특히 1920년에 창간된 『신여자』를 계기로 신여성이 본격적으로 등장하다가 1923년 『신여성』이 간행되면서부터 신여성이라는 용어의 사용이 보편화되었는데, 1920년대 신여성의 등장은 한국 근대 여성사에 획기적인 일이었다. 신여성들은 세계 여성해방의 조류를 받아들이는 데 앞장서면서 더욱 여성교육의 필요성을 강조하였다.

부유한 가정이나 기독교 집안의 자녀로서 일찍이 근대교육을 받거나 유학을 다녀오는 경우도 있었으나 1930년대까지만 해도 양반집에서는 딸들에게 신교육을 잘 시키지 않았다. 오히려 사회적 편견이나 차별로부터 벗어나려는 첩이나 서자 또는 기생들이 신분 상승의 기회로 삼고 교육에 더 관심을 보였다. 1920년대 이후에는 여성들이 사회적 차원에서 여성교육을 실천적으로 전개하였다. 뜻있는 선각자들은 여성 교육기관의 설립에 앞장섰는데, 당시 육영사업에 참여한 여성들의 과반수 이상이 평민층이었던 점은 여성교육사의 중요한 의미라 하겠다.

조신성(1873~1953)은 19세에 남편이 죽은 후 기독교 사업에 전념하다가 일본으로 건너가 요코하마(横浜)여자전문대학에서 교육학을 공부한 뒤 귀국 후 이화학당 교사로 기숙사 사감을 지냈다. 그녀는 한일합병 직후 경영난으로 폐쇄 위기에 처한 평양 진명여학교를 인수하고 교장에 취임하여 다시 번창하게 만들었다. 뿐만 아니라 1920년대 초 평원군 한천에 사숙을 세워 아이들을 가르쳤고 대동군 대평에도 취명학교를 설립 경영하였다. 한편 1932년 어려운 학생들을 위해 평양에 고육원을 신설하는 등 그녀는 평생을 여성교육사업에 헌신했다.[11]

차미리사(1880~1955)는 16세에 남편이 죽은 뒤 기독교에 입문하여 사회 활동에 관심을 갖게 되었다. 화물선에 몸을 숨겨 중국에 들어가 쑤저우(蘇州)의 버지니아여학교에서 공부를 마치고 미국으로 건너가 스캐리트신학교를 졸업하고 귀국하

---

11 신영숙, 「조신성」, 『한국역사 속의 여성인물』하, 한국여성개발원, 1998, 60쪽.

여 배화여학교의 교사에 취임했다. "살되, 네 생명을 살아라. 생각하되, 네 생각으로 하여라. 알되, 네가 깨달아 알아라."라고 주장한 차미리사는 교육단체 설립의 필요성을 느꼈다. 그녀는 앞장서 조선여자교육협회를 출범시켜 야학을 개설했으며 전국을 돌며 강연회를 개최했다. 1921년 차미리사는 강연회에서 얻은 찬조금으로 근화여학교를 설립하였다. 직업교육을 표방하며 근화여자실업학교로 명칭을 고쳤다가 다시 덕성여자실업학교로 바꾸었다.

왕재덕(1858~1934)은 황해도 신천에서 부농의 딸로 태어나 18세 때 결혼했으나 29세 되던 해 남편이 죽어 남매와 유복자를 둔 과부가 되었다. 약 200여 석을 추수할 수 있는 토지를 유산으로 받은 왕재덕은 이를 밑천으로 근검과 증식에 힘써 나중에는 대지주가 되었다. 그녀는 일찍부터 농촌 생활 개선 운동을 주도하며 극빈자에게 곡식을 풀어 끼니를 잇게 했을 뿐만 아니라 독립운동가들에게 군자금을 대주기도 하였다. 1930년 마침내 그녀는 토지와 현금 등 전 재산을 털어 신천농업학교를 설립하여 농촌을 구제하는 데 앞장섰다.

최송설당(1855~1939)은 남편과 사별하고 영친왕의 보모가 되고 귀비에 봉해지면서 고종으로부터 송설당이라는 호를 하사받았다. 어려운 사람들을 구제하고 사회사업에 힘을 기울여오던 그녀는 1931년 모든 재산을 바쳐 송설학원을 설립하기에 이르렀다. 더욱이 식민지 교육정책에 따라 실업계 학교만 인가해주려던 엄혹한 시기에 최송설당은 끈질긴 투쟁을 통해 1931년 대학 진학을 목표로 한 인문계 고등학교 설립 인가를 받아내 지금의 김천고등학교를 개교하였다.

이숙종(1904~1985)은 도쿄 유학을 마치고 귀국하여 조선여성들에게 새로운 삶을 열어주고자 여성교육에 뜻을 두었고 여러 학교를 다니며 교사로 활동하게 되었다. 그 후 여권 신장을 위한 여성교육의 필요성을 절감했던 이숙종은 1936년 성신여학교를 설립하여 우리 사회에 수준 높은 여성교육의 기회를 마련해주었다. 특히 그녀는 1970년대 한국여성단체협의회 회장직을 맡아 부(父)뿐 아니라 모(母)에게도 자녀에 대한 친권을 인정하는 등 가족법을 대폭적으로 개정하는 성과를 냈다.

황신덕(1898~1983)은 언니 황에스터와 함께 기독교 신자로 여성운동과 교육사업을 꿈꾸었다. 1926년 니혼(日本)여자대학을 졸업하고 같은 해 『중외일보』(→조선중앙일보) 기자가 되었으며 1934부터 『동아일보』 기자로 근무하였다. 조선에 사회주의 사상을 전한 황신덕은 자유연애와 결혼에 성공하고 가정과 직업을 양립시킨 인물로 평가받는다. 여성의 지위 향상과 민족의식의 고취에 앞장서오던 황신덕은 1940년 합법적으로 가능한 여성운동이 나아갈 길은 여성교육밖에 없다는 판단 아래 경성가정여숙(→서울 중앙여자중고등학교)을 설립했다.

임영신(1899~1977)은 3·1만세운동에 앞장섰다가 체포 감금된 바 있다. 그녀는 미국으로 건너가 남캘리포니아대학에 입학하였다. 학비 마련을 위해 그녀는 학장실을 찾아가 우리 민족이 독립을 이룩하는 데 일조하기 위해 한국에서 왔으며 미국을 배움으로써 이 일을 훌륭히 해낼 것이라고 호소하면서 장학금을 받았다. 이승만의 청혼을 거부하고 조국에서 여자교육을 위해 헌신하겠다는 굳은 마음으로 1933년 귀국해 흑석동에 땅을 사고 중앙보육학교를 인수하였으니 이 학교가 오늘날 중앙대학교의 전신이다.

일제가 초등교육을 위한 보통학교 수를 늘리고, 여자 사립 중고등학교 설립을 압박하면서 공립학교 중심으로 운영하고, 고등교육 기관의 신설을 억제했던 점 등은 안타깝다. 그러나 개화 및 식민 시기의 불안한 상황에서도 우리의 여성들이 교육을 주체적 자아를 깨닫게 하는 통로임을 인식하고 교육적 실천으로서 근대화의 대열에 적극 참여했던 사실은 주목할 만하다.

2
교육목표를 정하다

　기생첩의 딸로 태어난 김명순(1896~1951)은 교육으로 자신
의 처지를 극복하려 했다. 자전적 소설[1]에서 김명순은 개화가
되어서도 첩을 들이는 양반들의 작태에 분개하면서 "나는 모
든 정력으로 배우고 생각해서 무엇보다도 듣기 싫은 '첩'이란
이름을 듣지 않을 정숙한 여자가 되어야겠다."고 했다. 그리
고 "남의 나라 처녀가 다섯 자를 배우고 노는 동안에 나는 놀
지 않고 열두 자를 배우고 생각하지 않으면 안 된다."고 민족
의 설움도 벗어나고자 했다.

　여성해방과 근대국가 수립을 도모하고자 하는 근대적 여성
교육의 이념과 내용은 과거의 여성교육과 차별화될 수 있다.

1　　김명순, 「탄실이와 주영이」, 『조선일보』, 1924. 7. 8.

무엇보다 가부장적 문화가 말끔히 사라지지 않은 시기에 여성의 존재와 역할을 자각하게 하는 여성교육론과 한일합병 후 식민지적 통제 속에서 여성 민족교육론을 전개했다는 점에서 그 의미가 크다. 그러나 주로 서구의 선교사들과 일제의 지배 세력에 의해 수행된 여성의 근대교육의 목표가 불완전하거나 미흡했다고 볼 수 있다.

1936년 이경자라는 여성은 도쿄로 유학을 떠난 선배를 부러워하며 "지금의 나는 조롱 속의 새입니다. 이 좁다란 산골짜기에서 희망이나 이상을 향해 한 발도 더 나가지 못하고 있습니다."[2]라고 편지를 썼다. 아직도 여성은 나이가 들면 시집을 가야 한다는 지점에 머물고 있었음을 뜻한다.

남녀 평등과 현모양처 : 개화 초기

이 땅에 여성을 위한 교육기관이 미국인 선교사들에 의해 설립됨에 따라서 기독교여학교가 여성교육에 미친 영향은 매우 컸다. 그런데 선교사들이 주도적으로 실시한 여성교육은 서구식 사고의 주입과 식민 통치에 순응하는 성격을 띠었다. 한마디로 보수적 여성관에 따른 기독교 여성교육의 목표

2   『신가정』, 1936. 5.

는 현모양처의 양성이었다고 할 수 있다. 한국 여성을 위한 교육이라고는 하나 여성 억압이나 식민 지배와 같은 현실적 상황을 고려하지 않은 채 서구적 사상과 문화를 이식하려 한다는 여성 및 지성 집단의 거센 비판이 1920년대에 고조되었던 것도 이 때문이다.

이화학당의 경우 기독교 정신의 실현이라는 창학이념 아래 여성교육은 주로 가정과 모성으로서의 역할[3]에 중점을 두어야 한다는 방침이었다. 이화학당 고등과의 교과과정이 수학, 교육학, 심리학, 물리학, 화학, 경제학 등 학문 중심으로 짜여 있듯이 남성과 평등한 교육을 시키려 했음에도 불구하고 1910년경까지 학생들의 결혼을 학교가 책임져야 할 정도로 교육목표는 현모양처를 육성하는 데서 크게 벗어나지 않았다.[4] 학교 당국이 지향했던 기독교의 평등 사상에 따른 문명화 등은 적극적인 지지를 받았으나 한국 여성의 억압적 현실을 도외시했다는 점에서 호된 비난을 받아야 했다.

비슷한 시기이면서도 사회에서 주장하는 여성교육의 목표

---

3   정서적 지원과 모성의 역할이 부과된 여성들에게는 가정은 자기 희생과 소외의 장이 되기도 한다(이재경, 『가족의 이름으로』, 또 하나의 문화, 2003, 24쪽).
4   이화여자대학교 한국여성사편찬위원회, 『한국여성사II』, 이화여자대학교 출판부, 1972.

가 좀 더 교육의 본질에 접근하고 있음도 눈에 띈다. 1898년에 여성의 지위를 확보하기 위해 발표한 「여학교 설시 통문」에서 여성들은 "그 재주와 권리와 신의가 사나이와 마찬가지이니 어찌 아름답지 아니하겠는가."라고 하였다. 그리고 여성들은 주체적으로 남녀 차별 철폐의 이념적 지향 아래 여성의 능력과 권리를 염두에 두고 여성교육의 중요성을 역설했다. 그 무렵 이미 『독립신문』을 비롯한 언론에서 여성의 인격 존중과 함께 지적 성취를 위한 신교육의 필요성을 제기하고 있었다. 이같이 당시 사회적으로 공론화되고 있던 여성교육의 기본 방향이 남녀 평등을 염원하는 근대화된 것이었음을 확인할 수 있다.

1906년 여성교육을 위해 처음으로 창립된 여자교육회의 취지문을 보면 여성의 권리를 찾기 위한 노력이 잘 드러난다. 즉 "우리 대한의 여자들이 남자들로부터 압제를 당하고 안방에 깊숙이 갇혀 얻은 인도주의적 결점을 내포한 감정을 해소하고 일반사회에 동등한 권리를 회복코자 할 것이면 가장 먼저 교육이 필요하다."[5]는 내용이다. 여성교육의 목표가 남녀 평등을 기대하는 여성해방과 여권 회복에 있었음을 알게 된다. 그런데 취지문에서 이 내용과 다르게 읽히는 대목이 있는

5   「여자교육회취지서」, 『황성신문』, 1906. 11. 1.

것도 사실이다. 즉 우리나라 최초의 여성단체 간행물을 냈던 이 여자교육회에서도 여성교육의 중요성을 주장하면서 태교와 가정교육을 담당하는 여성은 현철한 자모가 되어야 한다고 역설했던 점이다.

개화 초기 가부장제의 억압으로부터 해방의 욕구가 분출되기 시작하면서 서구 사상을 배경으로 한 여성의 자유와 평등의 주장은 커다란 변화였다. 무엇보다 여성교육의 목표를 남녀 평등을 향한 여권 신장에 두었던 점은 소중한 가치이다. 다만 여성교육이 활성화되었음에도 불구하고 여성단체들이나 여학교들이 여성교육의 목표에서 자녀를 위한 현모의 역할이나 가정을 위한 부덕의 실천을 지나치게 강조했던 점은 아쉬움으로 남는다.

현모양처를 위한 실용교육 : 1910년 전후

김하염이 1908년 「시급한 여자교육」을 통해 "우리나라 현재의 참상을 따져보면 그 원인이 여자를 가르치지 않은 데 있다."[6]고 말한 것을 보면 남녀불문하고 사회 진출을 통해 국가 발전에 이바지하는 것이 제도교육의 주요 방침의 하나였던

6   김하염, 「女子教育의 急先務」, 『서북학회월보』 15호, 1909. 8. 1.

것이다. 장지연(1864~1921)도 『여자독본』에서 '국권 회복에 동참하는 국민의 권리와 의무를 갖는 자주적이고 독립적인 인격체로서의 여성상'의 구현을 교육의 이상이라 말했다. 근대 초기 여성교육의 목표가 부국강병과 문명개화에 기반하여 추진되었음을 알 수 있다.

1910년 이전 여성들에게 공동체적 질서와 분리된 주체적 인격체로서의 자각을 불러일으키기에는 아직 부족했다. 역사적인 의의와 함께 1906년에 설립된 숙명과 진명, 1908년에 세워진 동덕 등의 사립여학교에서도 여성을 교육시키는 목적이나 방침이 아직 현모양처의 양성에서 크게 벗어나지 않았다. 당시 언론에 진명여학교가 아래와 같이 소개되고 있다.

> '규중색시'란 별명과 비모던 여학교의 제1위를 차지하고 있는 구가정에서 절대 지지하는 가장 영광스러운 학교다. … 교육은 물론 현모양처… 그래서 그 특장 있다는 학과도 '자수'로 진명 자수는 사계에 이름이 진동하고 있는 것이다.[7]

진명여학교(→진명여자고등보통학교)는 창학 이념이나 교육 목표가 현모양처의 양성임을 분명히 선언하고 있다. 부덕의 함양을 위한 교과과정을 보더라도 아직 사숙의 형태를 벗어

7   「여학교 통신」, 『신여성』, 1933. 7.

나지 못하여 수신·국어·한문·산술·재봉·수예 등이 주된 교과목이었다. 여기서 근대화 초기의 교육적 시각이 본질적 측면에서는 전통사회의 교육관과 크게 다르지 않음을 알 수 있다.

앞서 나왔듯이 고종의 계비인 순헌황귀비 엄씨와 그 가문은 1906년에 진명여학교와 숙명여학교(←명신여학교)를 세웠다. 1930년대 초 여성 중등교육기관 가운데 가장 많은 인재를 배출하던 숙명여학교의 교육방침을 보더라도 아래와 같이 여성의 정숙한 품성과 함께 부덕을 강조함이 눈에 띈다.

여자에게 필요한 순결, 동정, 청결, 정돈, 관서(寬恕) 등의 부덕을 함양하고 질실을 존중하고 근로를 사랑하여 순량 정숙한 품성을 힘써 기르고 자학, 자습, 자치의 양풍을 길러 기예의 숙달을 꾀하고 경제, 체육을 장려하여 건강의 유지 증진을 도모하여서 심신의 원만한 발달을 기하여 현 사회에 적응하는 부인의 양성에 힘쓴다.[8]

숙명여학교는 인격과 품성이라는 정신적 부문에서부터 기술과 건강이라는 현실적인 부문에 이르는 포괄적 교육목표를 설정했다. 이와 같이 전인교육적 내용으로 "심신의 원만

---

8   숙명여자중고등학교, 『숙명50년사』, 1956, 73~74쪽.

한 발달을 통해 사회에 적응하는 부인의 양성에 힘쓰겠다."
는 교육목표의 제시는 곧 여성이 사회의 건전한 일원으로서
원만하게 살아가기를 바라는 당연한 요구라 하겠다. 다만 교
육의 목표 속에 들어 있는 기예 및 경제와 관련된 실용적인
내용은 전통사회의 가정 경제적 교육내용과 크게 다르지 않
고 현모양처의 자질에 해당하는 '부덕'을 함양하기 위한 것으
로 보아 교육목표가 여성의 독자적 성취와 재능의 고양에는
다소 미치지 못하고 있다.

박은식(1859~1925)은 남녀 동등의 교육권을 주장하면서도
언론을 통해 "부인이 학문이 없으면 가정교육을 알지 못하며
자녀의 덕성을 배양치 못하나니"[9]라고 함으로서 여성교육에
서 여성의 모성적 역할을 강조하였다. 1908년 개교한 최초의
공립여학교인 한성고등여학교에서도 현모양처의 육성을 목
표로 여성교육을 실시하였다. 한성고등여학교 설립 시 순종
비가 명을 내려 "여자는 시집가서 남편을 돕고 가정을 다스리
며 자녀 양육에 책임을 지고 일가의 행복을 증진시켜야 하며
나아가 국운 융성에 기여해야 한다."[10]고 격려한 바 있다. 교
육방침에도 "재봉, 수예, 가사 등에 중점을 두어 실생활에 필

9 「여자보통학원유지회취지서」, 『여자지남』, 1908. 4.
10 『舊韓國官報』, 1908. 5. 26(손인수, 『한국여성교육사』, 연세대학교
   출판부, 1977, 241쪽 재인용).

요한 기예를 가르친다."고 되어 있는 것을 보면, 현모양처를 지향하는 교육목표를 위해 실용적인 과목들을 개설했음을 알 수 있다.

1911년에 제정되어 해방을 맞기까지 조선 여성교육의 방침이 된 '조선교육령'에는 "여자고등보통학교는 부덕을 기르고 국민 된 성격을 도야하며 그 생활에 유용한 기능을 가르친다."고 하였다. 여성교육의 목표로서 현모양처가 되고 부덕을 실현하기 위한 실용 및 실업에 역점을 두고 있음이 분명하다. 가정에서의 역할에 부수되는 여성의 실업교육은 사회 진출에 필요한 남성의 실업교육과는 다르다. 또한 저급한 노동력을 이용하기 위한 식민지 실업교육과 자본주의 사회에서 평가되는 실업교육과는 차이가 있다. 교육 수요자들의 요구에 따라 1910년대 강세를 보이던 가사나 기예 과목이 1920년대 들어 인문 교양 과목으로 바뀐 것도 이와 무관하지 않다.

독립적 인격과 전문 기술 : 1920년대

1918년에 간행된 잡지에 실린 다음의 논설[11]에서 볼 수 있듯이, 당시 여성교육의 목표는 분명히 가정 안에서 억압적 삶

11 『여자계』 3호, 1918. 9.

이 유지되는 현모양처의 양성을 넘어서는 것이었다. 이 논설을 게재하고 있는 『여자계』는 도쿄에서 유학하고 있던 여학생들이 중심이 되어 조선 여성의 각성과 사회개량을 도모하고자 발간하였던 잡지이다.

> 사람을 만든다는 뜻은 무의미하고 철저치 못한 현모양처라는 기계를 만들지 말고, 독립된 인격을 양성하여 사회를 위하야 민족을 위하야 인도를 위하야 유용한 사람이 되게 할 것이외다.

이와 같이 1910년대 초·중반과 달리 1910년대 말기서부터 여성교육이 나아갈 방향은 사회적 자아로서 자유롭게 활동하고 남에게 도움을 줄 수 있을 만한 '독립적 인격'을 갖추도록 하는 것이어야 했다. 나혜석(1896~1953)이 소설 속의 주인공을 통해 "먹고만 살다 죽으면 그것은 사람이 아니라 금수이지요. 보리밥이라도 제 노력으로 제 밥을 제가 먹는 것이 사람인 줄 압니다."[12]라고 했듯이 밥이나 얻어먹고 교육을 받지 않는다면 짐승과 다를 바 없다며 교육에 적극 참여하고 사회적 활동을 전개하던 신여성들이야말로 주목받아 마땅하다.

1920년대 들어서서 여성교육에 대한 다양한 시각이 존재

---

12   나혜석, 「경희」, 『여자계』 2호, 1918. 3.

했다. 당시 언론[13]에서는 여성교육의 필요성을 강조하는 가운데 여성으로 하여금 가정에 예속시키는 소위 현모양처주의와 가정중심설과 같은 것을 부인하도록 촉구하였다. 그리고 여성을 '인간생활의 전 시야를 영유할 개성의 소유자'로 인식해야 할 당위성을 주장하였다. 이로써 당시 사회가 요구하는 여성교육의 주요 목표 속에 여성해방을 위한 독립적 인격과 개성을 중시하는 지적 교육이 내포되었음을 알 수 있다. 1920년대 초 신문[14] 기사에서는 도쿄 유학 후 신여성과 결혼하여 돌아오지 않는 남편을 기다리던 여인이 자식까지 버리고 가출하여 면학의 길을 찾는다는 내용이 세상에 알려졌는데, 이런 내용의 기사는 당시 자주 볼 수 있었다.

1920년대 말에 이르면 여성교육이 보편화되기는 했으나 식민지 정책으로 여성교육의 질적 향상을 기대하기는 힘들었다. 수준 높은 고등교육은 허용되기 어려웠고 보통교육과 실업교육 중심으로 교육이 이루어졌다. 특히 가사에 관한 실업을 권장하던 교육에 강력하게 비판이 일었는데 일제가 우민화 정책을 목표로 여성들에게 노동력을 이용하기 위한 실업교육을 실시했기 때문이다. 이런 상황에서 기본 취지가 다

13 『동아일보』, 1920. 6. 20.
14 『동아일보』, 1922. 6. 22.

른 조선 여성들의 실업교육에 대한 각성은 새롭게 조명 받을 수 있었다. 즉 1921년 차미리사에 의해 설립된 근화여학교의 교육목표는 사회 발전을 위한 여성 직업인의 양성에 있었던 바, 실기 중심의 전문가적 여성교육론의 출발이라는 점에서 의미가 컸다. 1910년에 김정혜가 정화여학교 부설 정화기예 학원을 설립한 것도 기술교육을 통해 여성의 경제적 자립과 민족경제 발전을 구현하려는 교육목표가 있었기 때문이다.

사회 진출의 발판이 될 수 있는 전문교육 습득이 미흡한 채로 전통적인 여성상이나 이념을 요구하는 상황에서는 여성의 해방이나 남녀의 평등에 도달하기는 무리였을 것이다. 1920년대 학생운동이 확산되고 성차별적 교육방침에 대해 반발했던 것도 당연하다고 볼 수 있다. 사회주의 여성운동가로 유명했던 허정숙(1908~1991)은 여학생이 늘어가고 졸업생이 많아지는데도 왜 대부분의 여성이 쇠멸의 구덩이로 기어들어가야 하는지 모르겠다[15]고 반문하였다. 성차별 및 억압적 현실을 변화시키지 못하는 당시 여성교육의 문제점을 근본적으로 비판한 것이다. 학교가 지향하는 목표가 얼마나 중요한가는 사회 현실에 미치는 영향이 그만큼 컸기 때문이다.

1926년 잡지의 권두언에 나오는, "졸업한 여학생들은 한

15 『신여성』, 1925. 11

가정의 현모양처가 되거나 졸업장을 일개 혼인의 매개물로 쓸 것이 아니라 우리 다수 민중의 공리공익 되는 일을 하는 데 뜻을 두어야 할 것이다."[16]라는 주장도 눈여겨볼 만하다. 교육의 진정한 목표는 공리적 또는 공익적이어야 함에도 불구하고 학교교육의 방침이나 내용이 이에 미치지 못한 채 성차별적이었던 상황을 지적하는 대목이라 할 것이다. 1920년대 후기에 들어서면서 자유를 갈망하던 신여성들이 세상 사람들로부터 거세게 비난받았던 것도 당시 여성교육의 방향이 올바로 자리 잡지 못하고 있었음을 반증하는 것이라 하겠다.

노동력을 위한 실업교육 : 1930년대 이후

1930년대가 되면 여학생 수가 폭증하면서 20년대 교육받은 여성을 가리키던 신여성이라는 용어가 거의 사라질 형편이었다. 그러나 1930년대에도 여성의 사회적 입지와 교육적 상황은 별로 나아지지 않았다. 1931년 잡지에 실린 「현하 당면한 조선 여성의 3대 어려움—수학, 취직, 결혼 모두가 난관」[17]이라는 제목만으로도 여성교육이 방향을 잡지 못하고

16 『신여성』, 1926. 3.
17 『신여성』, 1931. 11

있는 현실적 한계가 잘 느껴진다. 고등학교를 졸업한 여성들의 처지도 밝지 못했다. 지식인들은 많은 여성들이 규중심처에서 잠을 자고 있다고 개탄하였다.

작가 주요섭(1902~1972)도 본질적 방향성에 어긋나는 조선의 여성교육 상황을 안타까워하면서 "교육의 목적이 지식이나 넣어주고 운동이나 배워주는 데 있는 것이 아니고 사회적 실생활을 준비시키고 연습시키는 데 있다."[18]고 역설하였다. 바람직한 목표를 정하고 나아가야 할 제도교육이 여성들 개인의 삶에 영향을 미치지 못하는 현실을 꼬집은 것이다. 『조선일보』 기자였던 신상우의 책에는 "정숙온량으로써 생명을 삼는 여학생으로서 조선민족의 양처가 되고 현모가 되며 또는 제이국민을 생산하고 교육할 큰 책임을 가진 여학생"[19]이라는 문구가 나온다. 당시 사회가 지향하고 있는 '현모양처'라는 교육적 목표를 쉽게 간파할 수 있다. 개화 초기 일정하게 보여준 여성교육의 목표가 큰 변화 없이 전개되었다고 본다.

중일전쟁의 발발과 함께 전시에 대비하기 위한 여성의 노동력 동원이라는 측면에서 여성교육은 절실해졌다. 조선총독부는 여성교육의 진흥이라는 기치를 내걸고 여성교육의

18   주요섭, 「여자교육 개신안」, 『신여성』, 1931. 6.
19   신상우, 『여학생풍기문제개관』, 대성서림, 1931.

목표를 선량한 황국신민의 육성으로 전환했다. 가정에서 봉사하는 단순한 현모양처가 아니라 국가에 헌신할 수 있는 '충량한 국민전사'를 원했던 것이다. 식민 지배의 초기부터 여성의 노동력의 동원에 고심하고 있던 총독부는 한반도를 대륙 침략 및 태평양전쟁을 위한 물자의 보급기지화하는 정책을 펴면서 이에 맞춰 여성교육의 목표를 설정했다. 1930년대 후반 전시 동원 체제에 돌입하며 일제는 실업교육을 강화하는 길로 매진했다. 이 시기의 교육정책에 따른 실기와 실용의 실업교육은 1910년 이전 개화기의 실업교육과는 달리 식민지화를 공고히 하려는 일제의 전략적 선택이었다. 1941년 태평양전쟁 발발 이후 전시 체제 말기에 이르면 아예 '근로가 교육'이라는 슬로건 아래 학생의 근로 동원이 일상화되면서 여학생은 생산 노동에 종사하거나 정신대로 끌려갔다.

여성을 위한 근대적 교육체제에서 여성의 자각이 이루어지고 이상을 추구하는 데는 한계가 있었다. 근대화의 시기가 일천하고 변화를 끌어갈 만한 주체적 능력도 부족한 데다가 일제의 교육정책이 순종하는 여성의 육성에 있었기 때문이다. 특히 교육목표의 혼선과 부실 등으로 소기의 성과를 내는 데 어려움이 컸다. 그럼에도 불구하고 여성들이 교육을 통해 자아의 발견과 사회적 발전을 도모하고자 했던 도전과 열망은 소중하게 기억되지 않을 수 없다.

3
교육현장이 혼란스럽다

근대교육을 받은 남성들이 신여성을 새 부인으로 맞으며 본처를 학대하는 사회현상이 생겨났다.[1] 남편이 신여성을 들이는 것을 막기 위해 본처가 교육을 받아야 했고 구여성이 겪는 참혹함이 알려지자 교육에 무관심하던 가정에서도 딸을 학교에 보내려 노력했다. 신여성 가운데는 공부하고 싶은 열망에 학비를 대주겠다는 부자의 첩으로 팔려가는 경우도 많았다.

여성들은 신교육을 통해 불합리한 제도에서 벗어날 수 있는 기회가 보장되고 남성과 평등한 대우를 받을 수 있는 자질을 쌓을 수 있음을 자각하게 되었다. 현실적으로는 신교육

----

1   계용묵, 「백치아다다」, 『조선문단』, 1935. 5.

을 받음으로써 결혼이나 취직을 통해 지위와 안정을 획득할 수 있는 기반이 마련되었다. 그러나 국사는 "개화기 이래 여성교육에 착수한 지 이미 40여 년에 달했음에도 불구하고 그 제도나 내용이 아직 완전한 사람으로서의 여자를 교육함에 있지 못하다."[2]고 불만을 토로했다. 여성을 인격적 성취로 이끌지 못한 교육적 현실의 안타까움을 지적했다. 이러한 비판의식은 식민 시기라는 특수한 상황에서 파생되는 교육정책의 한계에서 더 가중되는 것이었다.

여성교육에 대한 사회의식의 미숙, 교육목표 설정의 혼란, 서구적 교육방식의 모순, 교육과정의 불안정, 학교시설이나 교구의 미비 등의 한계를 무릅쓰고 근대의 여성들은 교육을 통해서 성적 자기 결정권을 획득하며 독립적 자아로서 살아갈 수 있다는 희망을 갖게 되었다.

학생 모집의 수난

근대 여성교육이 이루어지던 초창기 사회적 편견 속에 교육현장은 혼란스러울 수밖에 없었고 피폐하기까지 했다. 1910년대 이전까지만 해도 엄격한 유교적 내외법의 잔존으

---

2   국사, 「장래 조선의 여성」, 『청년』, 1927. 5

로 여성들의 외부 출입이 자유롭지 못해 교육 대상인 여학생을 모집하기가 무척 힘들었다. 행세한다는 양반집에서는 딸들에게 신교육을 시키지 않았으며, 오히려 신분이 낮은 기생이나 소실의 딸들이 학교의 문을 두드렸다는 기록이 많다. 인텔리 신여성을 배출한 여학교를 '기생학교'라 부른 것을 보면 얼마나 딸을 학교에 보내기를 꺼렸는지 짐작된다.

여성의 공사립 보통학교 취학률이 1940년대 초까지도 30%에 머무를 정도로 여성교육의 실태가 초라했다. 무엇보다 서양인 선교사들에 대한 부정적인 인식이 초창기 학생 모집에 큰 장애가 되었다. 당시 사람들 사이에서는 "양녀들이 계집애들 데려다 눈을 빼 약을 만든다."든가 "자식을 양녀한테 내어 맡기는 에미는 어떻게 된 여잘까? 그럴 수가 있어? 그래, 천하에 고약하고 나쁜 에미두 다 있지."와 같은 말들이 널리 퍼져 있었다. 이화학당이 설립 초기에 6주간 휴교를 해야 했는데, 외국인들이 어린아이를 유괴하여 눈을 빼어 사진 현상에 쓴다는 소문이 나돌았기 때문이었다.[3]

안방에 얌전히 있는 규수들을 밖으로 끌어내기란 보통 어려운 일이 아니었다. 1910년대까지 여학생이라고 해봐야 가마를 타고 오는 양반집이나 장옷을 쓰고 오는 중류층의 처녀

3　이화여자고등학교, 『이화90년사』, 1975, 49쪽.

몇이 고작으로 학생이 다섯이면 하인도 다섯이 교실에 들어와 앉아 있었다고 한다. 근대교육 초기 단계의 교육 대상이 부모 없고 가난한 여학생들일 수밖에 없었던 것도 이 때문이다. 학교는 학생이 와준 것만도 고마워서 수업료는 생각조차 못 하고 그들에게 의복이나 숙식을 제공함은 물론 연필, 노트까지 무상으로 지급하는 완전 장학 시스템이었다.

당시에는 야합이라 할 수 있는 조혼 풍습이 남아 있었기 때문에 학생 모집이 더 힘들었다. 특히 도중에 그만두는 학생도 많아 학교 문을 닫는 사례도 있었는데, 조혼의 습속도 크게 영향을 미쳤다. 그러므로 개화기 학교에서는 한 여성이라도 조혼에서 구제하기 위해 집에 가는 여학생에게 호위하는 사람을 딸려 보내기까지 해야 했던 사실에서 당시 여학교 운영의 어려움을 단적으로 짐작하게 한다.

그러나 1919년 3·1운동 이후에는 사정이 크게 바뀌었다. 1910년대 여학생 모집을 위해 가가호호 방문했던 조동식이 이를 잘 증언하고 있다. 동덕여학교 설립자이자 17년간 교사로 몸담았던 조동식은 「10년 전 여학생과 지금 여학생」이라는 글에서 "1920년 봄에 이르러 일반 여자의 향학열이 늘어서 각 학교에서는 입학하러 오는 학생을 다 받지 못하였다."[4]

4 『신여성』, 1925. 1.

고 적었다. 1920년대에 이르러서는 학교에 다니는 여학생들을 거리 곳곳에서 볼 수 있었다.

교육목표의 실종과 오류

공적 교육기관은 여성들에게 주체적 삶의 출구를 제시할 만큼 신뢰를 주지 못했다. 언론에서는 "여자는 더 완전한 사람이 될 길이 없습니까. …자기로서 사색하고 판단할 만한 힘이 없으면 아무 때나 피동으로 아는 사람 뒤에나 따라가기는 전이나 역시 마찬가지일 것이 아니겠습니까."[5]라고 문제를 제기했다. 당시 공교육이 여성들로 하여금 스스로 살아갈 수 있는 능력을 갖출 만큼 기능을 다하지 못했음을 확인시키는 주장이다. 남보다 학교를 더 다녔다는 것이 무엇을 의미하는지 많은 여성들은 고민하지 않을 수 없었다.

1920년대 말부터 여성교육과 관련해서 가장 문제시되었던 것 중의 하나가 교육의 방향성과 현장의 불일치였다. 먼저 여학생들의 학습 태도가 진지하지 못한 채 유행을 따르고 멋을 내는 데 급급하였던 점을 지적하지 않을 수 없고 여학생들이 실제로 배운 것이 없다고 불만을 토로한 데서 제도교육의 한

5 『신여성』, 1925. 11.

계가 여실히 드러났다. 학교교육이 사회적으로 유용하지 못할 뿐만 아니라 결혼 후 가정생활의 준비에도 별 도움이 되지 않는다[6]고 하는 점은 심각한 문제가 아닐 수 없다. 이성환(1900~?)은 글자를 볼 줄 알고 또 쓸 줄은 안다 하더라도 한 인간으로서 아니 조선의 한 여자로서 자기가 다해야 할 사명이라든지 역할을 충분히 깨닫고 나오는 사람이 거의 없다[7]고 학교교육에 대해 신랄하게 공격하였다.

여성교육에 대한 학교의 부실하고 형식적인 면에 대한 비판이 1930년대에 집중되었다. 방황하는 여성교육의 현실에 대해 손명숙은 심각하게 우려했다. "어떤 가정 하나를 안존히 다스려갈 현처가 되거나 좋은 모성이 될 양모가 되기 위하여 하는 공부냐, 거리에 나아가 민중과 함께 좋은 일을 이루려고 싸워 나가기 위하여 하는 공부냐, 또는 돈벌이를 위해 직업을 얻기 위해 하는 공부냐."[8]며 부모조차 배워야 하는 이유를 모르고 있다고 탄식하였다. 이는 여학생 하나하나가 올바른 가치관을 갖고 학문에 뜻을 세워나가는 지혜가 필요하다는 점을 시사하고 있다. 사실 학문에 대한 목표의식이 결여되어 있다는 뼈아픈 지적이며 나아가 학교가 비전을 제시하

---

6   『학생』, 1929. 5.
7   이성환, 「조선의 여학생은 무엇을 배울까」, 『학생』, 1929. 4.
8   손명숙, 「여학생 생활 해부」, 『학생』, 1930. 2.

지 못함을 은연중 꼬집고 있다.

여성도 독립적인 인격체로서 인정을 받아야 마땅하지만 일제 시기 현모양처주의적 교육론에서도 볼 수 있듯이 아직 인격적 주체 형성으로서의 지적 여성교육에는 미흡했다. 말하자면 한국의 근대적 여성교육은 여러 면에서 새로운 변화를 보였으나 가부장적 잔재나 식민지적 억압 등으로 인한 혼란상과 함께 현실과 일치되지 않는 교육목표의 모순도 분명했다. 어느 여학생이 쓴 글은 1910년대 학교와 학생들 간의 갈등을 잘 보여준다. "소위 현모양처라는 기계를 만들지 말고 독립한 인격을 양성하여 사회를 위하여 민족을 위하여 인도를 위하여 유용한 사람이 되게 할 것이외다."[9] 학교에서는 현모양처를 위한 교육을 시키고자 했지만, 학생들은 인격적으로 존중받고 사회에 도움이 될 수 있는 교육을 받아야겠다는 생각을 하고 있었다.

고등보통학교를 졸업한 여성이 학창시절에 들었던 교장의 훈화를 비판하는 데서 1920년대 학교에서의 현모양처 교육이념이 여학생들에게 그대로 수용되지 않았음도 알 수 있다. 즉, 양반가문 출신으로 기생이 된 화중선은 1923년 당시 교장의 훈화를 들으면서 "현모양처라는 미명 아래 여성의 인간

9 「여자교육론」, 『여자계』 3호, 1919. 9.

성을 제약하여 남성들의 장난감으로 만드느라 그동안 참으로 애를 썼겠구나."[10]라고 생각했다는 것이다. 학교에서는 여학생들에게 삼종지도, 부덕의 가치를 강조했지만 정작 근대로 진입한 여학생들의 사고는 자유로운 자아로 성장하고 있었던 것이다.

1932년 잡지에서는 "수신 선생이 목청이 터질 지경으로 전통적인 도덕의 정당성을 설명하고 특히 현모양처주의를 열정적으로 고취할 때에 당시 여학생들은 손장난을 하거나 먼 산을 바라보거나 혹은 하품을 한다."[11]고 적고 있다. 공적 공간으로서의 학교에서는 학생들에게 현모양처 이데올로기의 수용을 기대했으나 실제로 교육효과는 불확실했다. 오히려 도덕 수업에 관심을 갖지 않는 여학생들의 자유분방한 모습이 선명하다. 불량한 학생들로 생각되기보다는 탈출의 욕망이 솟구치는 어린 여학생들의 자연스런 광경임에 틀림없다.

서구적 교육방식의 한계

여성해방을 외치는 목소리가 컸던 1920년대 여성교육에

---

10 『시사평론』, 1923. 3.
11 『신동아』, 1932. 12.

대한 여성들 스스로의 지적이 두드러졌다. 여권 회복을 가로막는 식민 지배에 대한 저항, 그리고 현실과 동떨어진 서구식 교육방식에 대한 성토가 주류를 이루었다. 근대화 초기부터 기독교학교가 여성교육을 통해 민주주의를 전파하고 한국어로 학생들을 가르침으로써 민족의식을 고취시켰음에도 불구하고 선교사들 중심으로 실시되었던 여성의 중등교육이 서구식 패턴에 부합했다는 비판이 1920년대 중반 이후 거세게 일었다.

차미리사는 교육의 진정한 의의가 개성의 발휘나 인격의 함양에 있다면 근본적으로 "조선 사람을 교육시키기 위한 제도가 외국인을 기준으로 한 것이어서는 안 된다."[12]고 강조했다. 또한 사회주의자들은 선교사나 기독교 여성들에 의한 교육운동이나 교육사업이 식민지 상황을 문제 삼지 않고 있다고 비난했다. 다시 말해 선교사들이 이끈 학교교육은 조선 여성의 억압적 현실에 무관심했다는 공격을 피하기 힘들게 되었다.

1930년에 황신덕은 "우리 손으로 우리가 옳다고 하는 교육을 시켜놓은 후에야 교육에 대한 논의가 비로소 가능해질 것

---

12 차미리사, 「교육제도 결함을 교정하기 전에」, 『현대평론』 제1호.
    1927. 1.

이다."[13]라고 했다. 주체적으로 우리 교육의 정체성을 확보하기 힘들었던 실태를 꼬집는 이와 비슷한 주장은 많다. 주로 식민지 상황에서 지속적으로 발전해갔던 여성교육이 서구적인 기호에 부합하는 여성을 길러내는 과정이었다고 우려하는 견해들이었다.

신여성 및 지식인들은 끊임없이 학교교육이 조선사회의 현실과 유리되어 있음을 비판했다. 주요섭(1902~1972)은 1931년에 서양 요리법 위주의 실습에 대해 "가사 시간에는 서양 요리법은 집어 치우고 조선 요리법을 배워야 한다."[14]고 했으며 그 후에도 비슷한 주장을 하였다. 여학교 출신의 여성들도 "일본 스키야키 만드는 법, 양요리 만드는 법을 배워야 먹을 일이 없으니 무슨 소용이냐."[15]며 사회에서 활용할 지식을 간절히 요구했다.

1933년에는 「여학교 통신」이라는 제목으로 이화학당이 다음과 같이 소개되고 있어 주목할 만하다. '양풍의 교화와 기독의 풍교'로 표현되는 서양식 분위기에 젖어 있던 당시 학교교육의 현실을 느끼기에 충분하다.

13 황신덕, 「부부애, 정사, 성교육」, 『삼천리』, 1930. 5.
14 주요섭, 「여자교육 개신안」, 『신여성』, 1931. 6.
15 「명일을 약속하는 신세대의 처녀간담회」, 『신여성』, 1933. 1.

일찍이 로맨스의 제작소 유행의 원천지로 유명하던 우리 이화학당… 지금도 영어와 음악이 학교의 장기… 양풍의 교화와 기독의 풍교가 젖가슴 포근해지려는 아가씨들을 어루만지어줌으로… 그러니까 분홍색 공상을 백 퍼센트 향락할 수 있는 곳이 우리 이화학당…[16]

제도교육을 통한 이론과 지식이 조선의 현실이나 학생들의 일상생활과 괴리가 있었음을 쉽게 유추할 수 있다. 이와 아울러 당시 신여성의 지식과 교양의 추구에서 발로되는 사유와 의식은 근대와 전통 사이의 갈등과 분열의 양상을 띠고 있기도 했다.

교육과정의 불안정

근대화 초기 여성 교육기관은 학교관제, 교육규칙, 수업 등 교육과정 및 학사 운영에 있어 제도화된 규정이 없었다. 1908년에 정부는 처음으로 교육활동의 근간이 되는 공식적인 학제 규정을 발표하였다. 1911년에 조선총독부는 비로소 차별화된 남녀의 교육연한을 '조선교육령'으로 제도화했는데, 보통학교는 4년이었으나 고등보통학교의 경우 남자 4년, 여자

16 「여학교 통신」, 『신여성』, 1933. 6.

3년으로 여성의 교육연한이 남성에 비해 1년 짧았다.

초기 교육과정을 살펴보면 특히 과목의 개설이나 수업의 운영 등에서 제도가 빈약했다. 1890년대까지 학생의 수나 교사의 수가 많지 않았기 때문에 확실하게 교과과정을 정하기 힘들었다. 기본방침을 정하고 교과과정이 제대로 짜여지게 된 것은 1904년에 정부로부터 인가를 받고서부터였다. 이 시기 교과목에는 대체로 인문사회 계통의 국어, 지리, 역사 등이 있었으며, 자연과학 계통의 물리, 화학, 동(식)물학 등이 있었고, 음악, 미술, 체조 등의 예체능 과목이 있었다. 신여성이 되기 위한 필요조건으로 피아노 한 곡쯤은 칠 줄 알아야 했다.

당시 교과목 편성에서 기독교여학교에는 영어와 성경이 들어 있고 일어가 없으며, 공립여학교에는 일어는 있고 영어가 없으며, 사립여학교에서는 대부분 국한문 교육 중심이었다. 1911년 '조선교육령'은 한국어를 조선어로 격하시키고 일본어를 국어로 바꾸면서 필수과목에 넣는 한편 일본어 교육을 강화하였고, 1938년 '개정교육령'에서는 조선어, 조선역사, 조선지리 과목을 교과과정에서 배제시켰다. 또한 일제가 가사, 수예, 재봉 등의 과목을 교과과정에 편입시켜 남녀 교육에 차별화를 시도했다. 1920년대 여학생들이 인문 교과에 대한 열망을 표출하기에 이른 것도 실기 위주의 교과에 대한 불만 때문이었다.

교과과정에 따라 1907년부터 운동회가 전국적으로 붐이 일었는데 체육에 대한 관심은 건강한 근대적 신체를 만들고자 했던 국가적 의도의 일환이기도 했다. 1920년대 다양한 서양 운동이 학교를 통해 보급되었다. 1930년대에는 하이킹, 수영, 댄스 등이 등장했는데, 댄스에 대한 열기는 거리로까지 흘러 나갔다. 고루한 인식이 팽배하던 사회에서 체조는 윤리 문제로까지 비화되곤 했는데, 체조하는 딸 때문에 가문을 망쳤다고 탄식하면서 학부모들은 하인을 시켜 딸들을 업어 내오기 바빴다.[17]

근대화 초기 주로 활약한 여학교의 교사는 대부분 신교육을 받은 여성이었으나 한문 과목만은 남자 교사가 맡기도 했는데, 전통적인 내외 풍속 때문에 교사와 학생들이 돌아앉아 수업하는 우스꽝스러운 일이 벌어지기도 했다. 남자 교사는 여학생을 마주 보지 못하고 뒤돌아 앉은 채 항상 여학생이 묻는 것에만 대답을 해주는 식으로 가르쳤다. 잘못이 있어 종아리를 때리려면 여학생들이 치마를 걷어 올려 속살을 보여야 하기 때문에 종아리를 때리는 일도 없었고,[18] 남자 교사와 여

---

17 손정숙, 「신식학교, 여성에게 무엇을 가르쳤나?」, 『우리나라 여성들은 어떻게 살았을까 2』, 청년사, 1999, 64~68쪽.

18 손인수, 『한국여성교육사』, 연세대학교 출판부, 1977, 230쪽.

학생이 단 둘이서 면담하는 것을 교칙으로 금하기도 했다.

심지어 여학생들은 학교에서 보기 흉한 버스 안내원의 제복 같은 교복을 입게 하자 등교할 때는 조선의 비단옷을 입고 와서 학교에서 교복으로 몰래 갈아입는 등 멋을 부려가며 자기를 표현하고 싶어 했다. 편지 검열을 받아야 하는 기숙사를 '제2감옥'으로 부르며 학교의 권위적인 정책에 반발했고, 기숙사 생활을 하면서 여학생들은 배가 고프면 담을 넘어 먹을 것을 사러 가는 등 규제를 벗어나고자 했다.

학교의 물적 미비

분명 근대 시기 우리의 신식 여학교는 여성들로 하여금 근대의식을 형성해나가는 데 크게 기여하였다. 제도적으로 여러 교육적 여건이 충분하지 못한 가운데 근대 여학교의 설립과 운영 등은 여성의 자기 존재를 새롭게 인식하게 한 점, 교육을 통해 사회의식을 제고시킨 점 등에서 우리나라 여성사 및 교육사에서 매우 중요한 위치를 차지하고 있다.

다만 근대화의 초창기에는 여학생들을 위한 교육시설이나 환경에 있어서도 초보적인 단계를 벗어나지 못하였다. 고등교육기관이라 하더라도 크게 다르지 않았으니 1910년 최초로 대학이 신설된 이화학당도 1918년까지 독립된 건물을 갖추지 못했다. 이화학당은 간신히 선교사의 숙소에서 공부를 시켜 1914년에 첫 졸업생 3명을 배출하였다. 여성을 위한 교육시설과 환경의 미흡은 1920년대 이후 신여성들의 집중 공격의 대상이 되었다.

교과서 또는 교재의 경우도, 근대교육 초기 단계에는 주로 외국 교과서를 번역하여 사용하다가 나중에 학교가 시설을 정비하면서 자체적으로 편찬 출판하는 일이 많게 되었다. 민족의식을 고취하는 교과서는 인가를 못 받거나 발매 금지를 당했다. 근대화의 초기 우리 여학생들은 남학생들에 비해 비교적 시설이 좋고 수업료가 없으며 교과서와 학용품까지 무료 제공하는 공립 보통학교보다 교육여건이 매우 열악한 사립학교에 훨씬 많이 들어갔다.

1930년대에 여자 문맹자가 전체 여성의 90.05%였으며,[19] 여성교육의 무용 또는 유해 주장은 식민지 말기까지도 끊임없이 이어져왔다. 근대의 여성교육이 기대만큼 시대에 부합하는 대안을 제시해주지는 못했으나 열악한 조건 속에서도 여성의 정체성을 확보하려 애썼던 것은 여성들이 교육적 측면에서 보여준 힘겨운 투쟁이자 소득이 아닐 수 없다.

---

19 김두헌, 『한국가족제도연구』, 서울대학교 출판부, 1969, 616쪽.

제2부

자유와 사랑을 구가하다

4
몸의 노출을 갈망하다

　여학생을 비롯한 신여성[1] 대다수가 근대적 의식을 지닌 인텔리로 존재한 것은 아니다. 근대의 물결, 개방적 세계가 제공하는 새로운 물질과 소비의 포로로 자족하는 신여성들도 많았다. 이 신여성들은 근대 도시 체험에 긴밀히 대응하면서 1920년대 중반 이후 대중매체에 활발히 부상하는 새로운 여성 아이콘으로서 '모던 걸'로 불렸다. 일본에서 통용되었던 모던 걸은 신여성의 영어식 표현이다. 이들은 서양식 근대교육을 받고 사회 개조에 대한 책임의식을 갖거나 세계 여성해방의 조류를 수용하는 데 앞장섰던 1세대 신여성들과는 다른

1　조선에서 신여성은 곧 여학생(출신)을 가리키는 말이었다(김경재, 「여학생 여러분께 고하노라」, 『신여성』, 1926. 4.)

존재들이다.

봉건적 질곡에서 벗어난 신여성들은 자신의 육체를 발견할 수 있었다. 곧 몸에 대한 관심은 자기 정체성 확인에 중요한 요소로 작용했다.[2] 몸가짐이나 외관이 아이덴티티를 만드는 시대로의 본격적인 돌입에 신여성은 패션의 리더요, 유행의 선도자가 되었다. 1927년 서울 거리에 있는 모든 간판 그림의 70~80%가 꽃이 아니면 여자였다[3]고 하듯이 도시의 소비와 유행을 압도해갔던 것은 신여성이었다. 사실 몸의 노출과 밀접히 연관된 패션을 통해 신여성들은 전근대 사회의 가치들과 분명한 선을 그었다. 즉 신여성들이 전통적 질서로부터 일탈하여 근대적 자아를 성찰적으로 투사하고 근대 감각의 영역을 새롭게 개척해나가는 데 패션은 큰 역할을 할 수 있었다. 패션은 자아 표현이자 여성해방의 징표였다.

단발머리에 앙증맞은 모자를 쓰고, 양장을 하고 굽 높은 구두를 신었으며, 한복의 상의가 길어지고 치마가 짧아진 것은 가슴은 내놓아도 맨발은 드러내지 않았던 조선의 상황을 뒤집어놓은 것이다. 근대화에 의해 가슴은 섹슈얼리티의 상징

---

2 몸은 오늘날 사람의 가치를 나타내는 척도가 되며, 몸의 이미지는 자아 정체감의 핵심이 된다(발트라우트 포슈, 『몸 숭배와 광기』, 조원규 역, 여성신문사, 2001, 132쪽)고도 한다.

3 최돌, 「여자와 간판」, 『현대평론』, 1927. 2.

이 되었고 여성들이 가슴을 가리고자 했듯이 몸과 관련된 패션의 변화는 가히 혁명에 가까운 것이었다. 장옷을 벗어던지고 새로운 몸치레로 공적 공간에 진입한 여학생은 학교뿐만 아니라 도시 속에서 누구와도 자유롭게 마주치는 근대적 주체였다.

자기 정체성의 표현

시대적 흐름과 사회적 변화에 능동적으로 행동했던 신여성들은 짧은 머리에 모자를 쓰고 양장 차림을 한 뒤 뾰족한 가죽구두를 신고 양산을 쓰면서 손에는 장갑을 끼는 등 서양식 맵시를 한껏 뽐내고 다녔다. 그리고 이 신여성들은 모던 걸이라 하여 많은 여성들의 선망의 대상이 되기도 했다. 당시 전문적 기예를 지닌 기생이나 카페 여급 등이 모던 걸을 대표했다.[4]

농촌뿐만 아니라 도시까지 극도의 빈곤 상태가 지속되었던 1920년대 일제 물건이 넘쳐나는 충무로 진고개에 가서 구두와 양산을 사는 것은 분명 사치스러운 일이다. 그러나 그것은

---

4   김윤희, 「근대를 보는 두 개의 시선」, 최혜실 외, 『토털 스노브』, 박문사, 2010, 113~116쪽.

개인의 허영으로 치부하기보다 근대의 사회적 요구이자 신여성의 정체성을 드러내는 수단이 될 수 있었다. 실제 근대의 중심에 선 신여성의 적극적인 자기 과시 또는 욕망의 표현으로 이해되었다. 몸에 대한 관심을 유도하고 소비와 모방을 자극하는 통속적 차원의 서구 문화는 그 자체로서 성적 상상력과 욕망의 대상이 되기도 했다.

직업적으로 화려하게 몸을 꾸미는 것이 요구되었던 기생, 카페 여급 등 유흥업 종사자에게는 도시의 큰 상점이나 백화점에서 값비싼 의상, 구두, 화장품, 장신구 등을 구입하는 것이 일상적 행위 중 하나였다. 경제력을 통해 극도로 사치할 수 있었던 권번 기생들이나 고수입을 올렸던 카페 여급들은 소비문화의 리더가 될 수 있었다. 특히 물적 소비나 유행뿐만 아니라 대중 문화예술의 흐름까지 주도했던 기생은 자본주의적 도시문화의 첨단을 걷는 모던 걸의 일원이었다. 외모의 관심과 삶의 방식 등에서 자유로움을 구가하고자 했던 기생들은 신여성과 매우 닮아 있었다.

여공들조차 소비와 패션의 대열에서 빠지지 않았다. 비록 한 달에 두어 번의 외출이었지만 이들은 최첨단의 도시문화를 향유하기 위해 거리에 나섰다. 도시 공간은 시대정신이 담기고 근대적 가치가 표현되는 곳이었다. 여공들은 부모에게 보내고 남은 돈으로 자신을 위한 몸치레를 했다. 유행하는 옷과 구두를 가지지 않은 사람이 없다고 하며, 고향을 떠나올 때 가져온 동백기름을 도착하자마자 던져버리고 '포마드'나 '크림' 같은 근대적 화장품으로 바꿔버린다[5]고 언론이 보도하기도 했다. 도시 소비문화에 빠른 속도로 흡수되는 여공들의 행태가 비판의 대상이 되곤 하였다.

도발적 단발머리

우리는 언론매체에서 단발머리에 모자를 쓴 강향란(1900~)의 세련된 모습을 발견할 수 있다. 조선 최초로 단발을 했다는 강향란은 한남권번의 기생 출신으로서 조선의 급격한 변화를 온몸으로 체험했던 여성 중의 하나였다. 그녀는 들불처럼 번지던 자유연애의 주인공이 되었으나 1년도 지나지 않아 애인과 헤어지게 되고 자살까지 시도했지만 미수에 그치고 말았다. 그 후 근대 학문을 통해

강향란

5   『동아일보』, 1936. 6. 2.

세계에 대한 새로운 시각을 갖고 삶에 대해 진지한 성찰을 할 수 있었다. 언론[6]에 의하면 지난날을 잊고 '남자처럼 살아보겠다'는 의미로 단발을 결심하고 남장을 하는 돌출 행동을 하기도 했다.

전통여성들은 처녀 때는 댕기머리를 하고 결혼하면 쪽머리를 했으나 신교육을 받은 여성들은 머리스타일에서부터 차별성을 강조했다. 처음 유행한 스타일은 머리카락을 부풀리지 않고 머리에 붙여 뒤로 빗어 넘긴 깔끔한 형태의 퐁파두르형, 앞머리와 옆머리를 앞쪽으로 모아서 묶은 챙머리, 즉 서양의 펌프도어(히사시가미, 庇髮)형 등이었다. 그러나 얼마 안 가서 1920년대 초부터 30년대 중반까지 머리를 틀어 뒤에 올려붙이는 모양의 트레머리가 유행하였다. 이같이 단발은 1920~30년대를 선도해나갔다. 단발한 여성 중에는 짧은 머리를 지져서 구불거리게 만들거나 예쁘게 염색을 하는 일도 있었다.

당시 자유로운 성향이나 사상을 지닌 기생, 배우, 여학생, 지식인들 가운데 단발을 하고 다니는 사람이 많았다. 여성들 사이에서 틀어 올린 트레머리나 구불구불 멋을 낸 파마가 유행하기도 했는데, 1925년경에는 단발이 사회적 이슈가 되었

6   『동아일보』, 1922. 6. 24.

으며, 잡지에서는 '단발'을 특집으로 다루고 있을 정도였다. 특이한 것은 탐미적 관점의 소견이었는데 안석주(1901~1950)는 "깡동 자른 머리 아래로 갸름한 목이 흘러내려간 것은 누구나 볼 때 신선한 느낌을 줍니다."[7]라고 하여 단발을 관능미로 연결시키는 기발함을 표출했다. 여성 계몽에 앞장섰던 차미리사는 단발은 시간, 돈, 위생에 유익할 뿐만 아니라 머리에서 해방을 얻는 것이라 했으며, 이화전문의 교수였던 김활란은 "단발이 여성해방의 유일한 조건이다."[8]라며 단발을 하고 다녔다. 사회주의자로서 구제도에 대항하기 위해 허정숙, 주세죽 등도 단발을 감행하였다. 단발의 일종인 보브는 '노라'로서 대표되는 여성의 가두 진출과 해방의 최고의 상징이라[9]고도 했다. 단발은 분명 기존의 낡은 구습과 단절하는 새로운 문물이나 유행으로의 진입을 선언하는 것이었다.

그러나 서구적 외모의 표상인 단발은 사회에 큰 파장과 논란을 일으키며 전통과 근대의 첨예한 대립 양상을 드러냈다. 단발은 전반적인 여성 패션의 화려함에 대한 비판과 결합되면서 무모한 탈선으로 치부되기도 했다. 잡지에 실린 「총각좌담회」에는 "단발은요? 꼴도 보기 싫습니다. 소위 모던 걸이

7   『신여성』, 1925. 8.
8   『별건곤』, 1929. 1.
9   『동광』, 1932. 8.

라는 것을 보면 구역질이 나 …여자가 머리를 깎으면 미와 성격을 발견해낼 수가 없습니다."[10]라고 소녀들의 땋아 내린 머리를 곱다고 하면서 단발하는 것을 역겹게 보는 장면을 연출했다. 시골에서 파마를 한 여성이 시부모에게 쫓겨나기도 했으며, 사람들은 단발을 허영심의 발로나 철없는 행동으로 여기며 멸시하였다. 1930년대 들어와서 완화되었다고는 하나 단발에 대한 부정적인 인식은 여전하였다.

단발을 둘러싼 논쟁은 식민 초기부터 이루어졌고 사회적 거부와 반발이 계속되었다. 강향란에 대해서도 염상섭(1897~1963)은 사회적 신분과 지적인 능력의 결핍을 내세워 단발의 의미를 폄하한 바 있다.[11] 사실 1920년대 중반을 넘어서면서 여성해방의 기치로 내건 단발이 존재하는가 하면 차분히 땋아서 늘어뜨리는 댕기머리가 다시 유행하였다. 자유연애의 열풍이 근대 가족적 질서로 회귀하듯이 가부장제에 대한 저항의 상징이던 짧은 머리는 시대의 보수화와 함께 긴 머리로 다시 변해갔다. 여성운동의 선두에 있던 정칠성은 눈에 띄니까 일에 지장이 생겨 긴 머리로 바꿨다고 했으며, 김활란도 미국에서 귀국할 때 짧은 머리로 주위의 부러움을 샀으나

10 『신여성』, 1933. 2.
11 염상섭, 「여자단발문제와 그에 관련하야」, 『신생활』, 1922. 8.

1930년대 사진 속의 모습은 긴 머리이다.[12]

그렇지만 일반인은 물론 언론마저 단발을 조롱하는 가운데도 새로운 시대를 열어야 하는 남녀 지식인들은 미적, 경제적, 시간적, 위생적이라는 단발에 찬성하였다. 더구나 단발령에 극도로 반발했던 많은 남성들의 경우와 달리 외모의 서구화라는 동경과 구습의 사슬을 끊겠다는 의지 아래 여성들은 자발적으로 단발을 선택하였다. 단발을 통해 신체의 근대화를 획득하려는 여성들의 도전과 열망은 강렬했고 설득적이다.

개량한복과 양장

신여성의 대열에 끼기 위해서는 전통의복에 대한 단점을 인식하는 데서부터 시작하여, 옷감에 대한 정보와 지식도 갖추고, 옷을 고르는 방법도 익히며, 세탁법까지도 알아서 깔끔한 차림새로 나서야 했다. 여성의 육체적 윤곽을 드러내는 의상이야말로 서구에서도 인본주의적 사고에 기인했던 만큼 신여성들의 외관이나 의복에 대한 관심은 근대적인 자기표

12 송연옥, 「조선 신여성의 내셔널리즘과 젠더」, 문옥표 외, 『신여성』,
    청년사, 2003, 83~117쪽 재인용.

현의 욕구에서 나오는 것이었다. 유행을 선도한다는 여학생의 옷차림은 당시 남성들에게 성적 욕망을 자극하는 수단이 되기도 했는데, 기생들이 여학생의 복장을 모방하고자 했던 것도 이 때문이다.

갑오경장 이후부터 1930년대까지 양장을 한 여자들이 있었지만 많은 여성들은 한복을 입었다. 한복의 경우 1910년대까지만 해도 치마는 걷기 어려울 만큼 길고, 저고리는 가슴이 드러날 만큼 짧았다. 쓰개치마와 장옷으로 얼굴을 가리며 외출했던 여성들은 어느 틈엔가 고무신 대신 하이힐에 종아리가 드러나는 개량한복을 입게 되었다. 저고리가 길어지고 치마의 길이가 짧아진 것은 과거와 단절하는 패션의 혁명이었다. 1910년대 긴 저고리를 입고 치마에 끈을 달아 어깨에 걸기도 했다.

1907년경 일본 유학생 김활란(1888~1984)이 당시 도쿄에서 유행하던 펌프도어 머리에 양말과 구두를 신고 짧은 검정 통치마를 입고 귀국한 이래 여학생들이 점차 하얀 저고리와 검정 치마를 입기 시작하여 1930년대 양장 형태의 교복이 도입되기 전에 여학생을 상징하는 코드가 되다시피 했다. 귀국 후 목사의 아들 최재학과 결혼하여 이때부터 최활란으로 불린 그녀는 이화학당의 대학과를 2회로 졸업한 후 이화학당에서 수학교수로 재직하며 우리나라 최초의 오르간 연주자로 알려졌다.

당시 한복 개량에 대한 김일엽과 나혜석의 논쟁은 신여성들의 한복에 대한 섬세한 관심을 반영하며 대체로 생활의 편리와 건강의 증진을 도모하는 방향으로 이루어졌다. 1921년에 김일엽이 조선의 옷은 예의에 맞고 아름다우나 인간의 건강에 좋지 않다는 실용성을 중시하는 의견을 개진하였다.[13]

가슴을 압박하지 않도록 어깨옷을 집어 입을 것을 권장하고 세탁에 너무 많은 시간을 뺏기는 흰 옷을 피할 것 등을 제시하는 글이었다. 이에 나혜석은 "지나치게 조선 옷의 좋은 점은 다 뜯어고치고 실용이다 편리하다는 명분하에 서양화에만 추종하여 천박한 개량의복이 되었다."[14]고 비판하였다. 서구 지향적 사고가 강했던 나혜석조차 조선의 아름다운 전통의상을 함부로 훼손하지 않기를 바라는 의견을 제시한 것이다.

신문물의 유입과 근대화의 선봉에 있었던 신여성들에겐 늘 고뇌의 시간과 도전적인 행동이 필요했다. 여학생이나 신여성들은 사회 활동을 고려하는 방향으로 개량한복을 입고 흰 옷이 아닌 유색옷을 입기도 했다. 저고리나 치마가 몸에 편하

13 『동아일보』, 1921. 9. 10~14.
14 『동아일보』, 1921. 9. 28~10. 2.

도록 바뀌었으며 치마폭도 좁아졌고 길이도 적당해졌다. 두루마기 같은 데에 끈보다 단추를 달아 옷의 기능을 강화하였다. 화려한 문양과 색감으로 한껏 멋을 내기도 했다. 1930년대에는 단발머리에 하이힐을 신고 개량한복을 입은 신여성의 모습을 흔히 볼 수 있었다.

1910년대까지만 하더라도 양장을 한 여성은 소수였지만 1920년대에 들어서면서 양장은 점차 확산되었고 1930년대에는 지방까지 보급되기 시작하여 양장의 전성시대를 맞았다고 할 정도로 양장이 크게 유행하였다. 양장 차림이 일반화되면서 의상에 대한 다양한 관심을 드러낼 수 있었다. 여성들은 자신들의 감각과 선호에 따라 의복의 색상과 옷감, 무늬를 대담하게 선택하였다. 1930년대 말 전시 체제로 접어들면서는 군복 스타일의 밀리터리 룩이 유행하게 되었고 노동하기에 편리하고 능률적인 간단복을 입기도 하였다.

1920~30년대 신여성이나 여학생은 유행의 첨단을 걷는 만큼 위험에 노출되고 위험의 주체가 되기 십상이었다. 신여성들 중에는 서민적 옷감인 삼베나 무명이 아닌 명주나 인조견으로 의복을 해 입어 사치스럽다는 눈총을 받기도 했으며, 여름이 다가오면 속이 훤히 비치는 옷감으로 지은 옷을 입고 다녀 남자들의 시선을 자극하기도 했다. "여름이 되어 길거리로 나서보면 위통에 살이 아른아른하게 보일락 말락 할 만치

얇은 피륙으로 의복을 만들어 입고 대활보로 돌아다니는 여자가 많이 있다."[15]고 보도되었다. 여성들의 옷차림을 못마땅해하는 것을 보면 의복에서 변화와 혁신보다도 소비와 유행, 사치와 허영의 이미지가 더 부각된다. 근대 문물의 상징인 의복이 근대성을 훼손시키는 듯한 우려 속에 풍자의 대상이 되기도 했다.

1920년대 전반만 하더라도 일류 모던 걸일지라도 재킷 하나 용감히 입고 종로 거리를 활보하는 여성을 찾아보기 힘들다고 하던 시기였다. 사회적 비난에도 불구하고 의복을 포함하는 외양에 대한 신여성들의 관심은 자신을 억압하던 가부장적인 요소들로부터 벗어나고자 하는 자발적인 욕망의 분출이라는 점에서 긍정적 의미가 있다.

신 화장품과 화장법

1900년대부터 일본과 중국에서 밀수로 들어온 화장품을 기생들이 애용하고, 1916년에는 최초로 국산 화장품 박가분이 나와 '조선 사람은 조선 것을 아무쪼록 많이 씁시다'라는 광고와 함께 전국적 인기를 얻었다. 작가 박영희(1901~?)는

---

15 『신여성』, 1924. 7.

유행을 주도하는 모던 걸에 대해 "타오르는 청춘의 붉은 피가 입술에서 출렁거리는데 더 붉은 연지를 칠해서 무어라 형언할 수 없이 그 붉은 빛이 보는 사람의 가슴을 찌르게 한다."[16]고 묘사한 바 있다.

그러나 시간이 지나면서 1920년대 언론에서는 화장법 소개 등의 기사가 거의 나오지 않으며 오히려 '사람이라도 잡아먹은 것같이' 화장하고 다닌다고 비판하였다. "근래에 여성들의 손가방 속에는 의례히 거울조각과 분털(분첩)을 넣고 다니면서 전차 속에서나 집회에서 용감히 사용하는 측이 있다."[17]고 하여 아무 데서나 화장하는 여성들을 뻔뻔하고 정숙하지 못한 태도로 비난했다. 기말시험을 마치고 고향에 내려가는 여학생들의 손에는 학비를 보내주는 부모에게 줄 눈깔사탕 하나 없고 자기 치장을 위한 화장품만 들려 있다[18]고 꼬집었으며, 조선의 여학생은 부끄러울 만치 얼굴에 분을 많이 바른다며 검소한 미국 여학생의 화장법을 배우자[19]는 주장까지 나왔다. 특별한 의식 없이 감각을 쫓는 근대여성들의 행색을 여과 없이 냉소적으로 바라보고 있다.

16 『별건곤』, 1927. 12.
17 『조선일보』, 1929. 9. 22.
18 『조선일보』, 1930. 7. 19.
19 유소제, 「3분간에 될 수 있는 여학생 화장법」, 『신여성』, 1931. 4.

하지만 1930년대가 되면 상황이 확연히 달라진다. 사치와 허영이라던 화장에 관한 정보와 지식이 쏟아지며 화장품과 화장법에 대한 기사가 넘쳐났다. 여성 잡지에 레도구리무, 수백분, 미안수, 코틔, 란셀 등 갖가지 화장품이 소개되었다. "3분 안에 될 수 있는 여학생 화장법", "신여성 미용 강좌" 등 계층별 화장 요령과 함께 계절에 따른 화장법, 의복이나 소품에 어울리는 화장법 등의 정교한 화장술에 이르기까지 기사화 되었다.

채만식(1902~1950)의 소설『탁류』[20]에는 "어느 것 할 것 없이 섬세하고 아담한 게 여자의 감각을 곧잘 모방한 화장품들이 좀 칙칙하다 할이만큼 그득들이 쌓였다."고 백화점 진열장 안에 있는 화장품에 대해 적고 있다. 특히 "얼굴에 분을 하얗게 바르고", "초승달처럼 실낱같은 눈썹을 곱다랗게 그리는" 것이 1930년대 유행한 화장법이었다. 얼굴에 바르는 화장품뿐만 아니라 머릿기름, 염색약 등에 대한 광고도 많았다.

작은 양산이나 우산

1920년대는 도시의 신여성을 중심으로 소비의 관심이 머

20 『조선일보』, 1937. 10~1938. 5.

리, 의상, 화장에 집중되었다면 1930년대는 다양한 액세서리로 소비가 확대되면서 소비문화가 활성화되고 그 양상이 세련되어 갔다.

신여성들의 패션 중에서도 특히 짧은 치마, 작은 양산(우산), 커다란 손가방 등에 주목할 수 있다. 몸을 자유로이 움직이려면 스커트의 길이가 적당해야 하나 너무 짧아지고, 햇빛을 가리거나 비를 피하려면 큼직해야 할 양산이나 우산은 작아지고, 손에 들고 다니기 위해선 작아야 할 손가방이 점점 커졌다. 쓸모 있는 것은 작아지고 쓸데없는 것은 커지는 패션의 유행이란 사치에 지나지 않을 수 있다.

머리에 뒤집어쓰던 너울이나 장옷을 벗고 서양식 모자에 대신하여 여성들은 내외용의 양산을 선택했다. 양산은 여학교에서 시작하여 일반사회로 퍼져나갔는데, 1910년 전후로 양산의 보급률은 크게 증대되었다. 양산이 처음으로 유행할 때는 물론 1930년대까지도 일반인들은 양산을 들고 다니는 여학생이나 처녀들을 보고 '꼴불견이다'라거나 '망측스럽다'고 하는 등 비난을 서슴지 않았다.

양산은 신여성의 표상과 같이 인식되었다. 강경애(1906~1943)의 자전적 소설「원고료 이백 원」(1935)이 이를 잘 말해준다. 소설 속에서 작가는 "지금은 여염집 부인들도 양산을 가지지만 그때야말로 여학생이 아니고서는 양산을 못 가지는 줄로 알았다. 그러니 양산이야말로 무언중에 여학생을 말해 주는 무슨 표인 것 같이 생각되었느라.”라고 적고 있다. 여기에 나오는 여학교는 강경애가 다녔던 평양의 숭의여학교로서 이는 보통학교를 졸업한 소수의 학생들이 다닐 수 있던 학교이다. 신여성 행세를 하던 여학생들이 갖추어야 하는 기본 소품 중의 하나가 양산이었음을 알 수 있다.

조선 말 개항이 되면서 선교사들에 의해서 이 땅에 들어온 우산과 양산은 당시에는 지위와 부의 상징물이었다. 이 우산이나 양산은 처음에는 쓰개류의 대용으로 얼굴을 가리기 위해 사용되었지만 나중에는 아무 때나 쓰고 다녔다. 이렇게 내외법의 대체라는 용도가 무색해지면서 특히 양산은 다양한 모양과 색상으로 유행을 선도하였다. 핸드백 안에 넣어가지고 다니기에 편리한 우산 겸용 양산도 크게 유행하였다.

자주/여우 목도리

마땅한 방한용 겉옷이 없었던 신여성들에게 두툼하게 털실로 짠 목도리는 아주 유용했을 것이다. 그러다 보니 ‘자주 목도리’는 여학생의 상징처럼 불렸고 1920년대 중반에 여학생 사이에서 크게 유행하였다. 목도리를 비롯하여 재킷, 모자, 장갑 등을 만드는 털실도 유행하였다. 여성들이 좋아하는 잡화 대부분은 수입에 의존했는데, 수입되는 잡화 가운데도 털실이 차지하는 비중이 컸다. 당시 수입되던 털실은 대개 영국산이나 일본산이었는데, 곱게 염색된 털실이 들어오자 뜨개질도 크게 유행하였다. 자연히 여학교에서는 편물을 가르치게 되었다.

뜨개질이 유행하던 시기 목도리가 논란거리가 되었다. 잡지[21]에 실린 '목도리 시비' 관련 평론들을 보면 당시의 목도리 유행에 대한 냉소적 시각들이 잘 나타나 있다. 시인 변영로(1897~1961)의 「폭과 기럭이를 좀 주려라」라는 글에서는 여학생의 목도리의 폭과 길이가 너무나 크고 묵직하여 어깨가 부담될 것이라는 걱정을 하고 있다. 또한 기자 김석송(1901~?)의 「목도리만 걸어 다녀」라는 글을 보면 사람이 가는 것이 아니라 목도리가 걸어가는 것 같다는 반응을 적고 있다. 10년 가까이 지난 뒤에도 같은 잡지[22]에 여우털 목도리를 두른 모던 걸이 몇 푼 안 되는 배추가 비싸다고 타박하다 조롱거리가 되는 모습이 등장한다. 한편 "겨울이 왔다. 도회의 여성이 털보가 되는 때다. 여우털, 개털, 쇠털, 털이면 좋다고 목에다 두르고 길로 나온다. 구렁이도 털이 있다면 구렁이 가죽도 목

21 『신여성』, 1924. 4.
22 『신여성』, 1933. 12.

에다 둘렀을까."[23]라는 여론의 지적도 피할 수 없었다.

신여성의 겨울철 패션 가운데 가장 인상적인 것은 값비싼 여우 목도리라 할 수 있다. 여우 목도리가 주는 이미지는 당연히 사치스럽다거나 고급스럽다는 것이요 이를 바라보는 시선은 고울 수 없었다. 더구나 신여성들이 여우 목도리를 두르고 거리로 나오는 것이 자발적이 아니라 미디어 또는 광고라는 외부의 유혹이나 강제에 의한 것이라는 판단이 숨어 있다.

1920년대 중반에 유행하였던, 방한이나 장식을 목적으로 어깨에 숄을 착용한 것을 보고도 기성세대들은 '담요를 걸쳤다'느니, '이불을 걸쳤다'느니 하며 조롱과 야유를 보냈다.

구두와 핸드백

"진열장 앞을 오기만 하면 이 유행균의 무서운 유혹에 황홀하여 걸음 걷기를 잊고 정신이 몽롱해지며 다 각각 자기의 유행 세계를 설계하려 든다."[24]고 하였다. 도시화의 표상이라는 네온사인으로 장식한 백화점이나 상점의 쇼윈도는 문명의

23 『조선일보』, 1932. 11. 24.
24 최영수, 「만추가두풍경」, 『여성』, 1937. 11.

열풍이 불기 시작하는 곳이요 유행을 전파하는 공간이었다.

신여성들은 구두, 향수, 안경, 핸드백, 양말, 벨트(혁대), 손수건 등 잡화를 받아들이는 데도 망설이지 않았다. 구두는 종아리까지 오는 치마를 입은, 탈출을 꿈꾸는 신여성들의 필수적인 장신구였다. 하얀 저고리에 검은 치마를 입은 여학생들도 으레 구두를 신고 다녔다. 신여성들은 여름에는 흰 구두를 신었다. 정순애는 「구두」라는 시에서 "당신들은 우선 발부터 해방이 되었습니다. …양말을 치켜 신고 가벼웁고 튼튼한 맵시 있는 구두를 신고 뚜벅뚜벅 아스팔트 위로 걸어 다니고 … 당신들은 활발하고 튼튼해졌습니다. 그것은 당신들의 발에 자유가 온 까닭입니다."[25]라고 하였다.

발을 감싸고 있던 버선을 벗고 활동하기 편한 구두를 신었던 모습에서 여성해방의 시각이 잘 드러났다. 폭스, 하이힐 등 굽이 높은 구두는 근대여성의 성적 매력의 상징으로도 이해되었다. 구두는 가격이 비싸 신여성이 사치한다는 비난의 대상으로 즐겨 쓰였다. 20년대 중반부터는 고무신도 신었다.

향수는 1920년대에 이어 30년대가 되어 크게 유행했는데, 광고에서는 연령과 장소에 맞춰 향수의 종류를 선택하고 계절에 따라 다른 향수를 사용할 수 있다고 조언하기도 했다.

25　정순애, 「구두」, 『여성』, 1937. 2.

당시에는 드물게 김일엽, 황에스더, 김마리아 등이 안경을 착용하였는데, 단발에 안경을 낀 모습은 전형적인 인텔리 여성의 표상이었다. 얼굴을 가리는 안경은 점점 커졌다. 핸드백도 점점 커졌으며, 백여 원짜리 악어 가죽으로 만든 핸드백이 1930년대 유행하였다.

시계와 반지

1928년 버스가 등장하기까지 전차는 대중의 도시 생활에 가장 크게 영향을 미친 근대적 교통수단이다. 1899년 개통 직후 신기한 전차를 구경하러 나온 사람들로 전차는 늘 붐볐다. 혼자 타는 자전거나 인력거와 달리 한 공간 속에 여럿이 부대낄 수밖에 없는 전차는 낯선 사람들 사이의 거리를 좁혀주었다. 전차에 탄 여학생들의 대열이 끝이 보이지 않았다고 하는 데서 유행이 지니는 몰개성의 이미지를 엿볼 수도 있으나 자아의 각성은 근대적인 물질의 토대와 분리될 수 없다. 수 세기에 걸쳐 보행 습관에 젖어 있던 사람들도 이제 전차를 이용하게 되었다.

전차에 탄 수많은 여학생들은 좌석이 텅 비어 있는데도 앉지 않고 손잡이를 잡고 손을 뻗어 백화점에서 방금 산 황금 손목시계와 보석 반지를 자랑하였다. "원시인에게는 호신상의 필요에 의하여 몸뚱어리에 여러 가지 모형을 그리고 온몸을 장식하였으나, 현대에 이르러서는 오직 성적 충동을 위한 장식일 것이다. 그 어떤 것 하나하나가 그 색채에 있어서나 형상으로 있어서나 도발적이 아닌 게 어디 있는가?"라며 "현대여성은 번쩍이는 시계와 반지, 두 가지를 구비치 못하면 무엇보다 수치인 것이다."[26]라는 표현에서 신여성들이 근대가 베푸는 새로운 상품에 매료되었음을 알 수 있다.

신여성이 갖춰야 할 조건으로서 위생 즉 건강을 제시했던 것[27]도 예사롭지 않다. 신여성의 수칙으로 지저분하지 않고 정결해야 함을 들었던 것이다. 더 나아가 1931년 윤지훈이 주장한 「모던여성 10계명」[28] 중에 '땅을 보지 말아라; 모던 여성은 거리낌 없이 눈을 크게 뜨고 머리를 들고 똑바로 앞길을 바라보라.', '건강을 놓치지 마라; 건강은 인생 제1의(義)이므로 건강을 놓치지 마라.' 등은 의미하는 바가 크다. 이광수 또한 「신여성 10계명」을 언급했는데, 그 가운데 첫 번째로 나오는 것이 '건강하도록 위생, 운동, 영양, 생활의 규율에 주의하기'이다.

26 『조선일보』, 1928. 2. 5.
27 『별건곤』, 1921. 12.
28 『신여성』, 1931. 4.

여학생의 욕망과 불안

여학생은 1910년대에 자칫 훼손되기 쉬운 순수의 아이콘이 되는 한편으로 민족의 장래를 고민하는 근대화의 주체로서 상징되며, 1910년 말에서 1920년대로 나아가면서 남성을 유혹하고 파멸시키는 근대의 이브로 표현된다. 그리고 이 시기의 허영과 사치의 대명사가 되는 '불량 여학생'이 등장하며, 이런 통속화된 여학생의 표상이 1930년대까지 이어진다. '여학생'은 단순히 학교를 다니는 여성의 의미 이상이 되었다.

여학생을 형상화한 만화 연작 "빠사—대회 소견"[29]을 보면 여성단체인 근우회의 바자회를 소개하고 있는데, 바자회가 열린 식당에서 일하는 여학생들이 눈에 띈다. 여학생들은 표정이 밝고 경쾌하며 "발끝으로 춤추며 주방으로 사라진다."라든가 "씩씩한 미"와 "깨끗한 맵시"의 표현이 예사롭지 않다. 눈을 살짝 내리깔고 차를 들고 가는 여학생의 쫙 뻗은 손끝, 하늘로 치솟은 에이프런, 검은 하이힐 등은 관심을 끌기에 충분하다. 여학생의 신체 비율도 거의 8등신에 가까울 정도로 환상적이다.

그런가 하면 여학생은 화려하게 꾸미고 분주한 도시의 거

---

29 『조선일보』, 1928. 1. 18.

리로 나가 양고기를 즐기며 값비싼 의상을 구입하는 등 물질문화를 향유하며 소비 욕구를 충족시키는 중산층 이상의 여유로운 삶에 대한 동경과 열망으로 가득한 존재들이었다. 1920~30년대를 선도한 여학생들은 불완전한 주체가 될 수밖에 없었다. 학교에서는 학습, 복장, 식사 등 다양한 항목의 규율을 지키도록 요구했고, 혼자서 어두운 길을 다녀서는 안될 뿐만 아니라 음악회나 영화관에 가서 남자들과 말을 섞을 수 없다는 교칙을 제정했다. 여학생은 기차를 탈 수도 있고 도보로 걸을 수도 있는 자유로운 존재가 되었지만 남성들과는 달리 제한된 길을 갈 수밖에 없었다. 서구의 학교를 포함하는 근대 시스템의 강화나 발달 과정과 흡사한 것이었다.

신여성과 마찬가지로 첨단 도시 공간을 메우며 새로운 유행과 문화를 창조하는 세련된 여학생들의 이미지는 1920년대 중반을 기점으로 점차 감각적이고 향락적인 분위기로 전이되었다. 학교 안에서는 귀엽고 얌전한 여학생들이 학교 밖으로 나가면 비단옷을 입고 화장을 짙게 한 채 극장을 드나들고, 핸드백을 들고 백화점 쇼핑을 하며 음악회에 갔다. "행길에서 만나보는 여학교 학생은 양장 모던 걸인데, 기숙사에서 만나보는 여학생은 조선 구식 여염집 처녀들이다."[30]라고 할

30 『신동아』, 1932. 12.

만큼 1930년대 초 여학생은 이중적인 이미지를 보였다.

조선의 모던 걸과 여학생들은 근대화 과정에서 도시를 활보했던 여성으로서 상품의 소비에 몰두하고 공적 공간에 자신의 몸을 드러내고자 했다. 머리모양, 의상, 화장 등의 패션을 통해 자신의 개성을 당당히 표현하는 건강한 의식과 주체적인 행동을 보여주었다. 다만 자본과 결합된 소비 지향적 도시문화의 번성 속에서 자아의 정체성을 확보하며 새로운 문화적 주체로 서기에는 시대적이나 사회적으로 불안하고 허약했다.

패션의 이중성

1920~30년대를 전후하여 한국 여성 사회에 새바람을 불러일으킨 신여성 즉 모던 걸은 아스팔트 끝 근대 도시의 전시창인 백화점 쇼윈도 유리 앞에서 립스틱을 칠했다. 봄이 오면 모던 걸들은 다리를 드러내고 얇은 양말을 신는다. 가장 눈에 잘 띠는 다리의 유선형은 물론 몸 전체가 드러내는 유선형은 근대의 기준이 되었다. 여름철 신여성들의 심한 노출 패션에 대해서는 속박되었던 육체의 해방이라는 호의적 평가가 따르기도 했다. 심지어 모던 걸은 두꺼운 밍크코트에 발목이 드러나게 짧은 치마를 입고 뾰족구두를 신었다. 근대의 등장과

함께 패션은 과감하고 자유롭게 노출을 보여주었다.

그러나 변화를 이끄는 패션은 긍정적으로만 수용될 수는 없었다. 식민지 조선의 모던 걸로서 물질적 문화적 주체가 되기에는 사회적으로나 개인적으로 역부족이었다. 모던 걸들은 많은 이들로부터 따가운 눈총과 날선 비판을 받아야 했다. 특히 사회의 수많은 논객들은 허영과 방탕이라는 이름으로 엄청나게 노골적인 비난을 퍼부었다. 가슴이 거의 드러나거나 속이 훤히 비치는 상의와 아슬아슬하게 길이가 짧은 초미니 치마에 해괴망측하다거나 퇴폐적이라는 질타와 모욕을 피하기 힘들었다.

1925년 이후 신여성에 대한 긍정과 부정의 이미지를 동시에 다루는 기사들이 양산되었다. 먼저 "새로운 것을 창조하는 도정에 있어 남자들과 평등 지위를 점령하려고 노력하며 남자와 똑같은 조건 앞에서 공부하고 노동하고 향락하고자 한다."[31]고 바람직한 모던 걸에 대해서 적고 있다. 몸을 발견하고 미를 과시하려 했던 시도를 욕망의 민주화, 여성해방의 차원에서 호의적으로 평가한 것이다. 그리고 이어서 "양장이나 하고 머리나 곱실곱실 지지고 물 위에 뜬 부평초처럼 정견이 없고 도발적 미를 가진 것뿐이다."라고 겉멋만 추구하는

31 『조선일보』, 1927. 3. 31.

것이 모던 걸이라 혹평했다.

1920~30년대 물질 소비의 욕구를 과감하게 노출하고 섹슈얼리티의 유혹에 자유로이 반응했던 여성으로 묘사되는 모던 걸은 1930년대 사치와 허영, 성적 타락과 같은 부정적인 의미로 착색되는 신여성으로 혼용되거나 변모되었다고 볼 수 있다. 서구와 일본의 통속적 또는 소비적인 문물 공세가 대중매체를 통해 본격적으로 나타나기 시작하면서 패션이나 유행이 단순한 모방이나 과시의 수단으로 전락했기 때문이다. 신여성들의 사치하는 데 드는 비용의 증가를 군비 확장에 비교할[32] 정도로 유행 풍조를 경계하는 목소리가 높기도 했다.

결과적으로 조선의 근대화 패션은 이중적이었다고 할 수 있다. 이른바 신형 술집이라는 일본의 카페 문화가 막 들어오기 시작하던 시절 조선 옷에 에이프런을 두르고 고무신에 히사시가미로 멋을 낸 웨이트리스의 모습을 볼 수 있다. 갓 쓰고 구두를 신은 사람, 도포자락 휘날리며 자전거를 타는 사람, 양장을 하고 고무신을 신은 사람 등 다양한 복장을 한 사람들이 서울을 활보하는 풍경이 선하다. 허물어진 초가집에서 나오는 양장한 여자를 보면 자기가 살고 있는 그 집 값보

32   이용설, 「조선여자와 사치」, 『신가정』, 1934. 9.

다 몇 배나 더 비싼 옷을 입고 있는 것이다.

1920년대 구질서에 대한 저항의 표상이었던 단발이 근대 가족적 논리와 함께 긴 머리로 바뀐 것과 마찬가지로 혼란과 모호의 볼썽사나운 풍경이라기보다는 전근대적인 것의 잔존을 통해 비로소 근대적인 것이 성립될 수 있는 아이러니의 힘을 느끼게 된다. 이는 패션의 과도기적 성격으로 식민지 조선의 물질적 조건과의 부조화일 뿐만 아니라 개인들의 가치관의 혼돈을 반영하기도 한다.

패션의 유행은 소비를 통해 억눌린 자아를 표현하고 자기 정체성을 획득하며, 자아 회복을 통해 타자로부터 인정을 받고 싶어 했던 신여성들의 주체적 각성의 소산이었다. 오랜 잠에서 깨어난 여성들은 비로소 자신의 육체를 통해 자아를 발견하고 욕망의 주체임을 성찰하게 되었다. 우리가 자신의 몸과 자신의 삶을 최우선으로 생각하는 신여성의 면모와 행보를 쉽게 떠올릴 수 있는 것도 이 때문이다. 몸치레를 통한 자신의 변화는 사회 현실을 바꾸고 싶은 욕망과 크게 다르지 않다는 점에서도 의미는 만만치 않다.

5
자유로이 연애하고 결혼하다

기존의 조혼, 축첩 등으로 대표되는 불합리한 혼인 관련 풍속의 폐단은 매우 심각하였다. 개인의 의사가 무시된 강제결혼, 10세 안팎의 조혼 관습, 남성횡포의 축첩 등은 불화, 자살, 도주, 살해 같은 범죄의 증가를 가져왔다. 그리고 사회적 물의에 따른 비판이 대체로 여성들에게 쏟아졌던 현상은 가혹하기까지 했다. 이렇듯 조선시대에 굴레로 작용하던 여성의 사랑과 결혼에서 개화기 이후 보여준 여성들의 각성과 자유로운 행동은 의미가 클 수밖에 없다.

갑오개혁 이후 남자는 20세 여자는 16세 이상이라야 결혼할 수 있도록 법규로 정했다. 그러나 조혼 관습은 일제 시기에도 사라지지 않았으며, 1930년대에는 조혼의 비율이 증가하기도 했다. 조혼의 폐해는 극심하여 무엇보다 일찍 혼인함으로써 미숙하거나 허약한 자식을 낳을 수 있었고, 생활력이 없거나 성생활에 대한 인식이 부족하여 서로 불만을 야기하기도 했다. 특히 어린 남자는 연상인 부인의 육체적 본능을 충족시키지 못했고, 성에 눈뜨지 못한 어린 여자는 나이 먹은 남자와 동침하는 밤을 무서워해야 했다.

봉건적 잔재인 처첩 간의 갈등은 심각하여 남편이 신여성을 첩으로 들이는 경우 구여성들은 소박맞고 배척당하는 모욕을 치러내야 했다. 이 축첩 현상 또한 쉽게 사라지지 않고 해방이후에도 찾아볼 수 있었다. 1930년대 고등사범을 졸업하고 모교의 교사로 부임해 왔던 인텔리 여성이 유부남과 결혼하게 되자 학생들이 "저희들의 모든 기대도 돌보지 않으시고 여자로서 가장 기막히는 모욕의 자리 첩 생활의 길을 찾아가신단 말씀입니까?"[1]라고 하는 데서 첩의 비참한 위상을 직감할 수 있다.

근대화가 시작되면서 서양 선교사들의 교육기관 설립과 조선인들의 일본 유학 등은 서구의 문물을 수용하는 관문이 되었고, 청춘남녀들은 가장 먼저 연애를 받아들였다. 연애야말로 개인의 자유와 권리를 잘 반영하는 시대의 아이콘이자 사회 변화에 앞서가는 선진적인 것이었으며 오늘의 관점과 달

---

1 『신여성』, 1933. 10.

리 당시에는 다분히 공적인 차원에 속하는 양면성을 지니고 있었다.

자유연애론의 도입

연애와 관련하여 여성 인권에 대해 이론적 뒷받침을 할 서구 사상가들이 있었다. 그중에서도 노르웨이의 헨리크 입센(Henrik Ibsen, 1828~1906), 스웨덴의 엘렌 케이(Ellen Key, 1849~1926), 러시아의 알렉산드라 콜론타이(Aleksandra Kollontai, 1872~1952) 등이 대표적이다. 이 세 사람의 사상들이 거의 동시대에 유입되었다. 여학생들은 입센의 「인형의 집」을 읽으며 노라의 가출을 실행하기도 했고, 엘렌 케이의 여성해방론에 매료되어 자유연애의 진보성을 주장했으며, 성적 욕망이나 사랑의 만족은 한 컵의 물을 마시는 것과 같다는 콜론타이즘에 빠지기도 했다.

위 세 사람 중에서 가장 먼저 이름이 지상(紙上)에 드러나는 것은 입센이다. 입센의 「인형의 집」에 나오는 중산층 가정의 주인공 노라는 근대적 개인의 표상이자 여성의 자각을 혁신적으로 보여줌으로써 여성들에게 공감을 일으켰고, 많은 여성들이 노라의 여성해방 대열에 합류했다. 안일하게 가정에만 칩거하지 않고 개인의 각성과 자아를 실현하는 모델이 된다는 점에서 당시의 연애론을 뒷받침했다. 가출하는 순간 여성은 자유로운 삶이 가능했으며 구속으로부터 벗어나는 순간 여성이 만나는 것은 자유연애였기 때문이다.

당대에 입센의 수용을 몸으로 보여준 대표적인 인물은 나혜석과 김일엽이다. 자유와 융합을 꿈꾸었던 나혜석은 이혼 후 피폐한 삶과 싸우다 거리에서 죽음으로써 루쉰(魯迅, 1881~1936)이 지적한 '집 나간 노라'의 현실을 재현했다. 또한 진정한 의미의 여성잡지를 표방하며 『신여자』를 창간한 김일엽도 이혼하면서 더 이상 잡지를 내지 못했다. 이는 여성에게 경제적 독립이 이념적 해방보다 절실한 것임을 보여주며, 노라의 현실적 적용이 얼마나 어려운가를 증명했다. 여성해방론이 뿌리를 내리기에 조선의 상황은 척박하기 그지없었다. 1920년대 중반에 노라의 가치는 감소하기 시작하고 1930년대 중반이면 논의에서 거의 사라진다.[2] 하지만 입센의 여성해방론은 당시 여성들에게 개인의 자각과 자유연애론의 토대 형성의 새로운 출구가 되었다.

엘렌 케이는 연애를 통해 남녀는 행복을 느껴야 하고 이 행복이 사회적인 행복을 구성한다고 보았다. 결혼한 부부라 할

---

2   이승희, 「입센의 번역과 성정치학」, 한국여성문학학회 12회 전국
     학술대회 발표회집, 『근대 한국여성의 서양인식, 서양체험과 문
     학』, 2004. 6. 12, 126~127쪽.

지라도 연애가 없어지면 이혼해야 한다고 말했다. 그녀는 불행한 부부의 이혼은 아이의 교육을 위해서도 좋다고 했다. 엘렌 케이가 특히 우호적으로 수용된 것은 이 모성론 때문이었다. 여성의 천직(天職)을 '어머니가 되는 것'으로 보고 자녀양육을 통한 개인의 향상이 인류사회의 발달이라고 주장한 것이다. 이것은 여성 노동자를 내세우는 콜론타이와 상반되는 입장이며, 여성의 직업을 강조한 근대 여성운동의 흐름과도 방향을 달리 한 것이다.

김일엽은 1924년에 엘렌 케이의 사상을 근간으로 신정조 관념을 발표[3] 하였다. 사랑을 떠나서는 정조가 없고 정조는 애인에 대한 타율적 도덕관념이 아니라 애인에 대한 감정과 상상력이 최고조화한 정열이라는 파격적인 내용이었다. 한편 엘렌 케이는 결혼하더라도 아무 구속이 없게 되면 사랑도 깊어갈 것이라고 보았다.[4] 나혜석은 최린(1878~1958)과의 연애 사건으로 이혼한 뒤에 "다른 남자나 여자와 좋아 지내면 반면으로 자기 남편이나 아내와 더 잘 지낼 수 있고…"[5]라는 나름의 감정의 당위성을 고백했다.

세계 최초의 여성 외교관인 콜론타이는 사회주의적 여성

3   김일엽, 「우리의 이상」, 『부녀지광』 창간호. 1924.
4   안화산, 「무산계급의 성도덕론」, 『삼천리』, 1933. 3.
5   나혜석, 「이혼고백장」, 『삼천리』, 1934. 8~9.

해방론의 성격을 분명하게 보여주었다. 콜론타이에 대한 글들 중 가장 앞선 것은 기생에서 여성운동가로 변신했던 정칠성의 대담 기사이다.[6] 정칠성(1897~1958)은 여성의 사회 활동수위에 관한 질문에 대해 남편에게 신뢰를 잃지 말아야 한다고 하면서도 남편이 끝내 반대한다면 가정을 나와야 한다고답했다. 연애를 할 수 없을 때는 성욕의 만족이라도 얻어야한다는 데서부터 정조와 순결의 문제는 과도하게 생각할 필요는 없다는 데까지, 연애와 관련해서는 과격한 입장을 보여주었다.

콜론타이의 연애론은 가장 합리적이고 진보적이라고도 하지만 소설 「삼대의 연애」 속에서 딸 게니아가 어머니의 애인안드레이와 성관계를 맺는 것과 같이 사랑 없이도 성적 본능만 만족하면 좋다든가, 사업에 바쁜 사람이 많은 시간과 정력이 드는 연애를 할 수 없으므로 사랑과 별도로 성욕을 채울 수 있다는 것은 비판을 받게 되었다. 콜론타이식의 사랑은조선에서는 극소수의 사회주의 여성운동가들만의 전유물이었다. 콜론타이를 수용한 이들을 '붉은 연애'의 주인공들이라명명하고 자유분방한 연애 편력으로 인해 '조선의 콜론타이'

---

6   정칠성, 「적연(赤戀) 비판—꼬론타이의 성도덕에 대하야」, 『삼천리』, 1929. 9.

로 불렸던 허정숙(1908~1991)을 비롯해서 주세죽, 박진홍 등을 언급한 글[7]도 있다.

자유로운 연애와 결혼

근대 한국의 여성 문제의 제기는 불합리한 혼인제도의 탈피로부터 시작되었다고 할 수 있다. 근대 이후 신식 교육을 받으면서 급격하게 의식의 변화를 겪는 신여성들이 점차 늘어나기 시작했으며, 현실 사회에 능동적으로 참여하는 가운데 그녀들은 독립적 인격체로 살아나갈 수 있기를 소망하였다. 유교의 폐쇄적인 의식을 깨뜨리고자 했던 개화기 사회의 최대 관심사 중 하나가 남녀 간의 자유로운 사랑과 결혼이었다.

가령 "그 조혼하는 악습이 사람에게 극히 해로운 것은 이루 말할 수 없거니와"[8]로 시작되는 기사가 보여주듯이 판단력이 없는 어린 아이를 부모의 의사대로 혼인을 시키는 일은 비판받아 마땅했다. 이처럼 당시로서 사랑의 감정에 충실한 자유연애와 결혼의 주장은 혁신적인 것이었다. 다만 개화 초기의 사랑은 의리와 결합되어 나타나는 경향이 있었다. 자유로

---

7   필자불명, 「붉은 연애의 주인공들」, 『삼천리』, 1931. 7.
8   『독립신문』, 1898. 7. 20.

운 사랑과 결혼을 주장하고는 있으나 이 땅에서 생성된 것이 아니었기에 어색할 수밖에 없었다. 어린 시절의 온정, 은인에 대한 의리, 부모들의 약속 같은 윤리적 측면이 자유연애와 결혼에 개입되었던 것이다.

1910년대 이후 당사자 간의 개인적 감정의 교류를 존중하며 자유연애에 기반을 두고 결혼이 이루어지고 부부 중심의 가족제도가 형성되었다. 무엇보다 이광수(1892~1950)는 유교적 윤리에 입각한 사랑을 비판하면서 상호간의 이해나 애정이 없는 결혼에 대해서 맹렬히 비난했다. 어떠한 제도나 도덕도 개인의 순수한 감정에 우선할 수 없다는 주장은 근대인들을 지배했던 낭만적 사랑의 토대가 되었다고 할 수 있다.

여성을 집안에 가두어놓고 외간남자들과의 접촉을 금기시해온 사회적 풍조 속에서 자란 젊은 남녀들은 마치 봇물 터지듯이 연애에 관심을 쏟았다. 근대는 신분사회에서 학력사회로 전환하는 변화의 시기이기도 했는데 근대교육을 받은 신여성에게 연애는 신분 상승을 가져다 줄 기회라는 환상을 심어줄 수 있었다. 그리고 여성이 학교를 졸업해도 일자리가 쉽게 마련되지 않는 상황에서 결혼은 근대적 생활을 보장해주는 가장 안정적인 직장과도 같았다. 더욱이 결혼으로 이어지는 연애는 경제적 독립이 곤란한 처지에서 합리적인 대안일 수 있었다.

1920년대 신여성들은 자유로운 연애와 결혼, 평등한 부부 관계를 이상으로 삼았다. 신여성들의 성과 사랑에 대한 생각은 오늘날에 못지않게 개방적이었고 어쩌면 더 자유분방했을 수도 있었기에 그녀들은 '탕녀' 소리마저 듣는 수모를 겪어야 했다. 조혼하여 이미 가정을 이룬 지식인 남성들의 아내인 구여성들은 자유연애를 가치 있는 것으로 주장하는 신여성들의 태도에 당혹해할 수밖에 없었다. 윤심덕(1897~1926)이 조혼의 피해를 고발했던[9] 것과 같이 당시 대체로 여자가 15~16세, 남자가 9~10세에 결혼을 하여 아내가 어린 남편을 보살펴야 하는 경우도 있었기 때문에 부작용과 비극적인 사건이 뒤따랐다.

잡지사의 한 편집인이 미혼의 청년들에게 쓴 글에서, "참으로 행복한 결혼 생활은 자기 선택이요, 최선으로 잘 된 선택에서만 바랄 수 있다."면서 아래와 같이 행복을 위한 자율권을 호소한 바 있다.

최선의 선택은 남녀 교제를 더 자유롭게 하는 데 있소이다. 이 남녀 교제를 자유롭게 하는 일은 다만 결혼 상대의 선

---

9   윤심덕, 「조선의 여성에 대하여」, 『여성동맹』 제7호, 1921(송연옥, 「조선 신여성의 내셔널리즘과 젠더」, 『신여성』, 청년사, 2003, 96쪽 재인용).

택에만 필요한 것이 아니라 새 시대에 처하는 새 인물로서의 진실한 새 생명을 활기 있게 키우는 데 크게 값있는 일이 되는 것이외다.[10]

위 글은 가부장제의 규범에 반하여 성적 자율권을 행사해야 하는 근대의 젊은이들에게 연애가 없는 결혼은 무의미하다는 점을 잘 제시해주고 있다. 참된 연애의 조건으로 영과 육의 일치와 융합을 내세우면서 가장 바람직한 결혼은 자유로운 연애에서 비롯된다고 하는 확고한 주장이다. 게다가 배우자에 대한 최선의 선택이 '새로운 시대의 새 인물'을 키울 수 있다는 데서 자유로운 교제의 의의는 더욱 확장된다. 연애와 결혼의 자유가 남녀의 결합을 행복하게 하는 데 그치는 것이 아니라 인간의 삶을 활력 있게 만드는 것이라는 점을 확인하게 되며 자유연애결혼을 미래사회의 이상적 여정으로 연계함이 매우 설득적이다. 당시 불확실한 미래를 사는 조선의 미혼 남녀들에게 자유연애야말로 희망이 되며, 위안을 주기에 충분했다.

1920년대부터 1930년대 전반까지 사회의 근대화를 위해서 가부장제를 기초로 하고 있던 남녀 관계를 개선하고 연애와

10 「미혼의 젊은 남녀들에게 : 당신들은 이렇게 배우를 고르라」, 『신여성』, 1924. 7.

결혼의 자유를 확보하려는 움직임이 일어났고 서구의 연애론이 활발하게 수용되고 있었다. 그러나 1930년대 후반 일본이 전면적으로 전쟁 체제에 돌입하는 가운데 언론은 물론 일상생활까지 통제됨으로써 이로 인해 연애의 자유 같은 주장은 더욱 하기 힘든 상황이 되었다.

여학생 및 여공의 연애

김명순(1896~1951)은 「손님」[11]이라는 작품에서 갑순, 을순, 삼순 세 자매 중 자유연애를 일삼고 자신의 능력 개발을 소홀히 하는 신여성 을순을 비판하면서 자기 성찰과 동시에 성숙된 목표를 지향해가는 삼순을 바람직한 신여성으로 제시하였다. 많은 신여성들이 자유연애를 꿈꾸고 실천했음을 알 수 있다.

1920~30년대 학교에 다니는 여학생들도 자유연애를 즐겼다. 학생들마저 일탈과 폐해가 지적될 만큼 연애의 자유를 구가했던 것이다. 신상우 기자가 1931년에 풍기 문제에 대한 사회적 관점과 남녀 교제에 대해 쓴 책을 보면 신 기자는 여학생의 타락이 무분별하고 방종한 이성 교제에서 비롯된다

---

11 『조선문단』, 1926. 4.

고 하였다. 특히 그는 여학생들이 영화 구경을 하는 장면을 묘사하면서 "남녀 관람석에서는 영화 관람이 주목적이 아닌, 남녀의 희롱과 유혹이 난무하다."[12]고 당시 조선 남녀 학생의 교제가 난잡하다고 우려했다.

한 잡지사에서는 "3년생은 남학생과 연애편지를 주고받고, 4년생은 졸업 후의 진로에 대한 현실적 번민을 하면서 백화점 쇼핑이나 남학생 하숙집을 드나드는 것이 다반사였다."[13]고 쓰고 있다. 1920~30년대 전후 수많은 소설 속에서 남녀 주인공들이 체험하는 연애는 거의 성적 타락에 가까울 정도로 강렬하며, 여러 남성을 대상으로 애정 행각을 벌이는 여학생들이야말로 팜파탈의 이미지마저 자아낸다. 분방한 이성 교제의 문학적 공간을 통해 당시 여학생들의 자유연애적 시선과 행동을 유추하기는 어렵지 않다.

여공들도 공장 밖으로 쫓겨나는 위험을 무릅쓰고 남공들과 연애를 했다. 공장 안의 생활은 감독의 통제와 감시가 따랐으며 섹슈얼리티도 억압받을 수 있는 사각지대였다. 또한 공장 주변의 후미진 광경, 도시 뒷골목의 음험한 분위기 등도 여공들의 순수하고 낭만적인 감성을 방해하기는 마찬가지였다.

---

12   신상우, 『여학생풍기문제개관』, 대성서림, 1931.
13   『신동아』, 1932. 12.

하지만 여공들은 모든 불리한 환경에 개의치 않고 자연스럽게 인간적인 연애를 구가하고자 했다.

> 사람 사는 곳에 연애 문제는 떠나지 아니한다. 여공들의 연애 생활이야말로 열정적일 것이다. 이성에 눈뜬 여공, 공장에 같이 일하는 남공들과 작업하는 순간에 시선이 부닥쳐 무언중에 사랑의 줄을 맺고 있다. 그러고 회사에서 연애 문제를 발각만 한다면 불문곡직하고 축출이다.[14]

언론에서 기사화된 내용은 당시 흔히 볼 수 있는 공장 내의 풍경이었을 것이다. 여자 직공들은 공장주에 의해 공장 밖으로 축출당하는 불이익을 감수하고 열정적으로 연애를 했다고 적고 있다. 앞서 나온 편집인의 말대로 교제의 자유가 남녀의 소통뿐만이 아닌 '생명의 확보' 차원에서도 이해될 수 있는 여지가 느껴지는 대목이다.

성욕 및 동성애의 표출

울금향은 다음과 같이 과감하게 여성의 성욕을 부각시키면서 구체적으로 연애와 성욕의 밀접한 관련성을 언급하고 있

---

14 『동아일보』, 1934. 1. 2.

다. 연애는 성욕을 수반한다는 점에서 연애를 주장하는 것은 성욕을 인정하는 것이기도 했다. 1920년대를 지나면서 성은 일종의 자연, 마치 일상의 음식과도 같이 불가피한 현실이 되고, '연애가 꽃이라면 성욕은 뿌리다'라는 표현과 함께 성욕을 인간의 근본적인 욕구로 인정하게 된 것이야말로 크나큰 변화였다.[15] 거슬러 올라가보면 "식욕과 성욕은 인간의 큰 욕심이라"[16] 하여 성욕을 사람의 본성으로서 가장 크고 자연스러운 것으로 인식해왔음을 상기할 수도 있다.

> 연애는 성애와 끊을 수 없는 관계를 가지고 있습니다. 5월의 청초한 신록도 검은 흙 속에서 생겨나는 것처럼 연애도 성욕이란 땅에서 솟아나는 생물입니다. 이 말이 너무 노골적이라 하더라도 사실은 분명한 사실입니다.[17]

남녀 간의 연애에서 정신적인 면과 육체적인 면을 완전히 분리할 수 없음은 자명하다. 그러나 근대 이전에는 사실상 성욕을 자유롭게 발설하기 힘들었다. 더욱이 정숙을 미덕으로 여겨온 여자의 경우 성욕의 은폐는 자연스러운 것이었다. 역사적으로 여성에게는 자식을 생산하기 위한 성을 넘어선 쾌

15 권보드래, 『연애의 시대』, 현실문화연구, 2003, 176쪽.

16 飮食男女 人之大欲存焉, 『禮記』 禮運.

17 울금향, 『신여성』, 1933. 5.

락적 성욕은 인정되지 않았다. 남성이 본처를 통해 순수한 혈통을 보존하고 첩이나 기생을 통해 성욕을 채우는 이원화된 성을 구현하는 반면 성욕을 밖으로 드러내는 여성은 탕녀로 단죄받기 십상이었다.

1920년대에 와서야 자유연애에 주목하면서 은밀한 성욕을 표면으로 불러내기 시작했다. 물론 성욕이 적절히 다스려져야 한다는 주장은 이상적인 연애관에 대한 논의가 일어나면서 나오게 되었다. 성욕의 인정은 정조의 파괴, 나아가 이혼의 원인 등으로 이어진다는 점에서 많은 불씨를 안고 있다. 연애가 성욕, 정조 등과 연장선상에서 논의되면서 그중에서도 정조 문제는 특집[18]으로 다루어지기도 했다. 남자에게도 정조가 중요하다는 것에서부터 부부간의 정조, 처녀의 정조, 과부의 정조 등 다양한 주제와 목소리들이 충돌하였다.

다만 정조를 대수롭게 여기지 않는 파격적인 주장 속에도 정조는 소중하다는 주장이 존재하였다. 시대가 변했어도 사회는 순결과 정조를 꾸준히 요구하였다. 서구 문화의 유입과 더불어 점점 여성의 자유로운 감성과 의사가 존중되는 방향으로 나아가게 된 것은 고무적인 일이었으나 올바른 연애 방식의 체득이나 기존 질서와의 조화를 이끌어내지 못한 안타

18 『신여성』, 1932. 3.

까움이 있다. 주요섭, 김경재 등이 성욕과 감각적 미에 역점을 두고 있는 자유주의적 연애관을 경계하면서 남녀 간의 충분한 인격적 신뢰를 바탕으로 한 연애를 역설[19]한 것도 이 때문이다. 신여성들은 연애의 중요함을 주장하면서도 방법에서는 서툴렀다고 해야 할 것이다.

신교육을 받기 시작한 여학생들끼리의 사귐은 특별히 새로운 체험이었다. 성적으로 무지하고 수치심이 많은 여학생들은 성욕을 의식하지 않아도 되는 동성애에 빠진다는 것이다. 신여성들은 커밍아웃을 통해 성억압의 울분을 터뜨리기도 했다. 동성애는 이 시기 억눌린 성의 분출구를 찾아가는 또 다른 방식이 되었다. "동성애 습관이 자라나 결국에는 이성애 즉 남성과의 연애로 발전할 수 있으니 학교 당국에서는 특히 주의해야 한다."[20]는 주장도 동성애를 자유연애의 일부로 이해했기 때문일 것이다.

요즘도 논쟁이 심한 동성애 문제를 감안하면 당시의 동성애 표출은 가부장적 사회와 기존 질서에 저항한다는 점에서 역사적 의미가 크다. 그리고 적어도 1920년대 전반까지는 동성애가 긍정적인 시각에서 인식되었다. 더구나 허영숙, 황신

19 『신여성』, 1925. 6~7.
20 일기자, 「여성평론—문제의 동성연애」, 『신여성』, 1926. 3.

덕을 비롯한 사회 명사들의 동성애가 말과 글로 공론화되었던 점에 주목하게 된다. 그러나 점점 동성애는 서구의 합리주의에 근거하여 부정적으로 인식되어갔다.

하지만 성도착적 질병이라는 낙인에도 불구하고 식민지 내내 동성애는 도처에서 은밀하게 자행되었다. 마침내 1930년대 이후 조선에서 동성애는 여성끼리의 동반자살로 이어지면서도 여성의 동성애 문제가 그다지 커다란 논쟁거리가 되지 못하고 사라진 편이다. 언론인이던 김기전(1894~1948)의 아래 글은 당시 동성애의 시각을 잘 전하고 있다.

> 동성애란 그것이 더럽게 성욕의 만족을 얻으려 하는 수단이 되지 아니하는 이상에는 이익이 있을지언정 해는 없을 관계라고 한다. 여자들 사이에는 이 동성애가 있음으로 해서 정서의 애틋한 발달을 재촉함이 되고 따라서 남녀 간의 풋사랑에 대한 유혹을 면함이 될 것이다.[21]

위 글은 당시 사회가 여성들 간의 우정을 인정하지 않고 동성애로만 보았던 사실을 확인할 수 있다. 여성들의 동성애는 이성 간 자유연애의 위험성에 빠지지 않고 '올바른 이성애'를 준비하는 과정으로 보였던 것이다. 또한 여성의 동성애 문

---

21 『신여성』, 1923. 11.

제에 초점을 맞추고 있는데, 이는 남성의 동성애는 문제되지 않았던 당시의 일반적인 시각을 말해준다. 김기전에 의하면 이화학당에서 동성애가 가장 심하고 경성여자고등보통학교, 평양여자고등보통학교 등이 다음이었다. '사랑은 깨끗하지 않으면 자멸한다'는 주장을 하면서도 여성들 간의 동성애를 긍정적으로 보고자 한 점이 예사롭지 않다.

결국 1920년대 여성끼리의 동성애는 정체성을 추구하는 여성의 자기표현 방식의 하나로 해석할 수 있다. 특히 이성 간의 자유로운 교제나 사랑이 극도로 제한되고, 이성 간의 자 유연애에 대해 위험하게 생각한다거나 부정적인 시각이 두 드러지던 사회 분위기에서 동성애는 여성이 선택할 수 있었 던 성적 탈출 전략이었다고 할 만하다.

1931년 조선에서 처음 일어난 '동성끼리의 철도정사 사건' 은 엄청난 사회적 충격이었다. 주인공은 세브란스 의학전문 학교 교수인 금파 홍석후(1883~1940, 홍난파의 형)의 21세 딸 홍옥임과 종로 덕흥서림 대표 김동진의 출가한 19세의 딸 김 용주였다. 당시 홍옥임은 이화여자전문학교 음악과에 재학 중이었고 김용주는 여고를 중퇴한 뒤 원치 않는 결혼을 한 상 태였다. 둘은 이미 동덕여자고등보통학교를 다닐 때 동성애 를 즐기던 사이였다. 4월 8일 따뜻한 봄날 서울 영등포역 철 로를 다정히 걷던 두 여성이 역으로 들어오는 기관차에 함께

몸을 던진 것이다.[22]

애정도피와 정사

1920년대 신여성이 주도한 자유연애와 결혼 등은 여성의
식의 변화와 함께 여성해방에 이르게 하는 긍정적인 영향을
미쳤음에 틀림없다. 그러나 새로운 시대의 '사랑' 앞에서 청
춘남녀들은 어떻게 사랑을 해야 하는지 방법 면에서 익숙하
지 않았다. B전문학교 운동선수인 T군이 같은 운동선수인 K
양을 사랑하는 이야기가 아래와 같이 나온다.

> K양 앞에서 갑자기 면도칼로 자신의 왼편 손바닥을 베어
> 버린다. 새빨간 피를 흘리는 T군은 속으로 그녀가 자신의 상
> 처를 만지면서 뜨거운 키스를 해 줄 것이라고 상상하지만 놀
> 란 K양은 놀라 벌벌 떨고만 있다가 집에 돌아와 울면서 아버
> 지에게 고해바친다. 이 '악마주의 연애'로 인해 T군은 파출소
> 로 끌려 다니다가 학교도 그만두게 된다.[23]

이처럼 피 끓는 청춘이 보여준 연애의 문제는 서로 미숙한

22 『동아일보』, 1931. 4. 10.
23 『신여성』, 1931. 12.

상태에서 일어난다는 점에서는 애교로 볼 수도 있다. 그러나 유부녀나 유부남이 '자유'라는 이름으로 연애를 자행하는 데는 문제가 심각했다. 실제로 유부남과 신여성 간의 연애와 결혼은 도피 행각, 자살 행위 등의 사회문제로 비화되기 십상이었다.

어쩔 수 없이 첩, 즉 제2부인이 되었던 신여성에 대해 사회의 조롱하는 목소리가 높았다. 여학생들이 졸업하고 첩이 되는 것은 "생활 비용과 정조를 바꾸는 매음 행위"[24]라고 경고했고, "돈을 바라고 첩이 되는 것은 사치병 때문이요 허영심이 죄의 근원이다."[25]라고 주장하기도 했다. 무자비한 비난에도 인텔리 신여성들은 자유로이 연애를 하고 결혼을 했다. 단순히 돈을 바라는 것도 허영을 위해서도 아니었다. 근대가 활짝 열어놓은 자유연애라는 순수한 목적으로 남성을 만났다. 자기 스스로 좋아하는 상대를 선택하여 교제하고 사랑했다.

일본에서 와세다(早稻田)대학 철학과에 다니던 춘원 이광수는 1918년에 졸업을 포기하고 귀국하여 마음에 없이 결혼했던 아내와 이혼을 하였다. 그리고 다시 일본으로 건너가 도쿄여자의과전문학교를 졸업한 허영숙(1897~1975)과 중국으

24 『신여성』, 1923. 11.
25 『신여성』, 1925. 3.

로 애정 도피를 떠나 당시 세간의 논란을 불러일으키기도 했다. 3년 뒤 1921년에 두 사람이 전격적으로 결혼하게 되었던 것도 잘 알려진 일이다. 하지만 해방 직후 춘원은 허영숙과 다시 합의 이혼했다.

당시 언론에 따르면 신여성 하나가 신교육을 받은 남자와 사랑하다 임신을 하게 되었다. 고민하던 끝에 그 남자에게 몇몇 친구들만이라도 불러놓고 결혼식 흉내만이라도 내자고 했다. 이도 저도 여의치 않으면 하얼빈으로 간 안○○ 씨와 김○○ 양처럼 함께 멀리 도망가자고 했다는 것이다.[26] 자유연애가 쉽게 허용되지 않는 현실적 제약 앞에서 해외로 도피하는 경우가 많았음을 알 수 있다.

가수 이애리수(1910~2009)의 경우 9세 때 무대에 서긴 했으나, 막과 막 사이에 노래를 부르는 '막간가수'로 활동하다가 1931년 〈메리의 노래〉, 〈라인강〉 등의 노래를 부르며 주목받았다. 그러던 중 1932년에 발표한 노래 〈황성옛터〉가 히트하면서 유명가수로 우뚝 섰다. 그러나 그녀는 한창 인기를 끌던 22세 무렵 연희전문학교 학생 배동필을 만나면서 격랑에 휩싸였다. 둘은 결혼을 약속했지만 남자 부친의 완강한 반대에 부딪치자 탑골공원에서 면도칼로 손목을 긋고 동반자살을

---

26 『조선중앙일보』, 1933. 9. 23.

기도했다. 그 후 은밀히 결혼하면서 세상 사람들의 눈에 띄지 않는 도피적 삶을 살아야 했다.

이화여전의 음악교수로 있던 안기영(1900~1980)이 제자인 김현순과 사랑에 빠져 명예와 부가 보장된 직장, 임신한 아내와 두 딸이 기다리는 가정을 버리고 외국으로 도피하는 일이 벌어져 세상이 발칵 뒤집어지기도 했다.[27] 조선 제일의 테너 가수이자 작곡가로 이름이 높던 안기영과 이화여전 영문과에 입학했다가 그에게 성악을 배운 뒤 음악과로 전과한 김현순은 애초에 순수한 사제의 만남이었으나 점점 세상에서 용납하기 어려운 관계로 발전했다. 유학마저 포기한 채 두 사람은 상하이에서 허름한 단칸방을 얻어 신혼살림을 차렸고, 1년 반 뒤 도쿄에서 새살림을 시작한 지 얼마 되지 않아 딸을 낳기도 했다. 비난과 조소적인 반응도 있었으나 열렬한 연애를 높이 평가하기도 했다.

그 밖에도 기생 현계옥(1897~ ?)은 작가 현진건의 형인 애인 현정건(1887~1932)과 함께 3·1운동 때 활동하다가 경찰을 피해 상하이로 망명하기도 했다. 이같이 자유연애를 갈망하는 우리의 근대여성들은 사회변화의 과도기적 혼란을 거세게 겪어야 했다.

27 『삼천리』, 1936. 6.

자유연애를 가장 강력한 근대적 기호로 받아들이면서도 완고한 사회적 관념 속에 죽음도 감수해야 할 만큼 당시 젊은이들에게 자유로운 사랑의 구가는 힘든 것이었다. 1923년에 당대 이름을 떨치던 평양 출신의 기생 강명화(1900~1923)가 애인 장병천과 함께 사랑의 도피를 했다가 자살로 마감한 사건은 큰 화제였다. 강명화는 귀갓길에 일본인에게 희롱당하는 것을 구해준 영남 대부호의 아들인 도쿄 유학생 장병천을 사랑하게 된다. 그러나 남자 집안의 극심한 반대와 사회의 곱지 않은 시선 속에 고민하다가 그녀는 결국 23세에 음독 자살했고, 슬픔을 이기지 못한 남자도 뒤를 따라 세상을 떠나고 말았다.

음악가 윤심덕(1897~1926)은 자신을 사모하던 박정식이 상사병으로 죽는 등 남성들 때문에 아픔을 겪었다. 그녀가 남동생의 유학 자금 마련을 위해 서울의 부호였던 이용문과 살림을 차렸다는 소문이 나돌기도 했다. 마침내 윤심덕은 도쿄 유학 시절부터 알고 지내온 김우진(1897~1926)을 사랑하게 되었다. 극작가로서 장래가 기대되는 김우진은 기혼자였다. 유부남과의 사랑은 당연히 사회적 지탄의 대상이었으나 윤심덕은 개의치 않고 동거에 들어갔다. 그러나 현실의 벽은 너무 높아 사랑은 물론 예술마저도 보장할 수 없는 극한 상황에 이르러 삶을 포기하고 말았다. 연애로 인한 자살이나 정사가

1920년대 빈번히 나타났지만 1926년 여름 현해탄의 배 위에서 김우진과 투신 자살한 이 사건이야말로 단연 화제가 되었다.

'신주(心中)'라는 이름으로 불리던 동반자살은 근대 이후 널리 유행하던 자유연애와 결합해 정사라는 새로운 이름을 얻게 되었는데 이 정사가 식민지 조선에 수입된 것이다.[28] 1914년 7월 창기 월색과 고용살이하던 청년 조창식이 바다에 뛰어들었다는 정사 소식이 보도[29]된 바와 같이 1910년대 초부터 정사라는 말이 등장하였다.

그 밖에 최초로 단발을 했다는 기생 강향란이 사랑에 빠졌던 청년 문인과 헤어지고 자살을 기도했던 사건을 비롯하여 『봄봄』의 작가 김유정(1908~1937)은 기생 박녹주(1906~1979)가 사랑을 받아주지 않자 자살을 시도하는 등 기생과 남학생 간의 로맨스와 자살 사건이 심심찮게 일어났다. 배우 신일선(1911~1990)의 정사 미수 사건도 소설화될 만큼 유명했다.

노자영(1898~1940)의 소설 「무한애의 금상」[30]에서는 무려 여섯 사람이 자살로 생을 마감한다. 주인공을 짝사랑하던 여

---

28 이준식, 「일제강점기 치정사건의 사회사」, 『나혜석연구』 6호, 2015, 65쪽.

29 「청춘남녀 情死怨鬼」, 『매일신보』, 1914. 7. 29.

30 노자영, 『무한애의 금상』, 청조사, 1925.

열정에서 소외까지, 신여성

학생이 한강에 투신하고, 이어 애인이 집안의 반대 때문에 괴로워하다 음독자살하고, 주인공이 그 뒤를 따라 죽으며, 양가의 어머니가 나란히 자살한 후 아버지마저 죽고 만다는 「무한애의 금상」은 자살이 일종의 문화적 기호였음을 잘 보여주고 있다. 사랑이 비극에의 욕망과 손잡고 있었다는 점은 1920년대를 휩쓴 연애열의 중요한 특징이었다.[31] 당시 교통이 편리한 한강 인도교는 청춘남녀의 자살 장소로 불리기도 했다.

성의 자유를 죽음으로써 완성하려는 에로티시즘의 극단적 형태인 정사는 전적으로 내적인 동기에서 이루어졌다고 볼 수 없다. 어두운 현실이 가져다 준 막연한 불안 속에서 억눌린 성은 궁극적인 분출구를 찾아야 했을 것이기 때문이다. 근대 공간에서 유행처럼 번졌던 자살은 흔히 패배한 여성들의 현실도피적 행위로 치부되는 경향이 있지만 지식도 연애도 수용되지 않는 열악한 상황에 대한 여성의 저항이라고 볼 수 있다. 미셸 푸코(Michel Paul Foucault, 1926~1984)에 의하면 자살은 잔인한 현실을 개인에게 강요하는 것이며 동시에 그에 대한 개인의 저항을 나타내기도 한다.[32] 이 허무와 절망의 상태에서 선택하는 정사 사건은 1930년대에도 지속적으로 일어

---

31   권보드래, 『연애의 시대』, 현실문화연구, 2003, 119쪽.
32   유진월, 『신여성을 스토리텔링하다』, 평민사, 2021, 244쪽 재인용.

났다.

조혼, 축첩 등으로 일컬어지는 부당한 혼인 및 경직된 가족 제도의 폐단은 쉬 사라지지 않았고 이런 전근대의 벽을 넘기에는 자유사상의 힘이 아직은 미약했다. 급변하는 여성들의 의식을 따르지 못하는 사회 현실 속에서 자유로운 연애와 결혼 등은 많은 부작용을 낳을 수밖에 없었다. 그러나 자유연애가 도피와 죽음으로까지 가는 모순을 극복하고 많은 여성들은 1920~1930년대 맞벌이 부부로서의 동고동락하는 원만한 생활상도 보여주었다. 자신들의 인격적 만남으로 결혼의 이상을 구현하고자 하되 현실적인 조건들을 어느 정도 감안하면서 가정을 이뤄갔기 때문이다.

훼절에 따른 희생

자유연애에는 남녀 모두에게 보상이 따랐다. 이미 부모가 정한 여성과 조혼하고 청년기에 부인 이외의 여성과 연애를 하면서 괴로워하는 남성도 적지 않았다. 기혼남성은 신여성과 사랑한 대가로 본처와 복잡한 이혼소송을 겪어야 했고 이혼이 성립되지 않는 경우에는 불행한 삶을 이어가야 했다. 다만 자유연애의 결과로 나타나는 사회적 물의에 따른 비판이 신여성들에게 퍼부어졌던 점은 안타까운 일이다. 윤심덕에 대한 항간의 소문과 사회적 논평이 이를 잘 입증한다. 박신애는 윤심덕의 자유분방한 사생활에 대해 "타락한 행동"이라 규정하면서 "윤씨야! 기왕 국외로 갔다는 소문이 있으니 거기서 태평연월이나 노래하면서 건강히 일생을 지내라. 누구나 그대 보기를 원치 않을 테니."[33]라는 저주에 가까운 폭언을 했다.

사회의 풍속은 부덕을 끊임없이 요구했고 일제 시기 현모양처 교육의 영향 아래 여성들은 정절을 강요받았다. 이러한 완고한 사회의식 때문에 신여성들은 자가당착적 부작용도 적지 않게 경험해야 했고 더 큰 좌절을 감내해야 할 경우도 많았다. 『신여성』 편집기자였던 신형철의 아래와 같은 주장을 보면 정조를 인간이 지켜야 할 소중한 덕목으로 여기고 있음이 분명하며 여성의 정조를 강조하는 데서 당시 사회의 정조에 대한 논리적 충돌을 느끼게 된다.

> 아내에게 정조를 바라거든 당신도 정조를 지켜주십시오. 그것만은 여자로서도 남자에게 요구할 수 있는 권리일 것이다. 하여튼 정조! 그것은 확실히 여자로서 신중히 가져야 할 커다란 도덕률이다. 아무리 똑똑한 여자라도 정조를 문란하게 하고는 세상없이 떠들어도 한층 품위가 떨어지고 마는 것

33　박신애, 「윤심덕 사건에 대하여」, 『신여성』, 1925. 3.

이 사실이다.[34]

이어서 신형철은 정조 문제와 더불어 당시의 자유연애가 불러온 파장을 짐작할 수 있게 하는 발언을 했는데, 그는 정조의 파기로 야기되는 개인과 가정과 사회의 문제를 지적함으로서 정조의 가치를 더욱 확장시키고 있다. 자유연애는 정조를 잃지 않는 데서 가치를 인정받을 수 있고, 연애는 합법적인 결혼을 전제로 이루어지는 자유롭고 품위 있는 행위라는 것이다. 그러므로 파격적인 자유연애는 도덕률과 제도권을 벗어나기 힘들었다고 본다.

흔히 1920년대 손꼽히는 신여성들은 유부남과의 사랑으로 인하여 가혹하게 고통을 겪었던 것으로 잘 알려져 있다. 그런데 이들의 불행한 삶에 대한 사회적 여론이 지나치게 비판적이었다는 점에서 그녀들에게는 이중고의 굴레가 씌어졌다고 할 수 있다. 이 신여성들의 자유연애는 매스컴에 의해 스캔들처럼 과장 보도되면서 호기심에 가득 찬 세간의 관심 속에서 창피를 당했고 결국은 사회적 생명에 위협을 받아야 했다. 성적 욕망의 노예가 되었느니 돈 때문에 부자의 첩이 되었느니 신여성들을 향한 비난이 쏟아지는 가운데 자신의 사회 활동

34   신형철, 「인처(人妻) 정조 문제」, 『신여성』, 1932. 3.

을 중단하면서도 사랑과 결혼을 선택하고 실천한 많은 신여성들의 진정성과 순수성은 상당부분 훼손되어야 했다.

김명순은 여론에 의해 가장 혹독하게 희생된 인물이었다. 김명순은 「의심의 소녀」(1917)를 지은 근대 최초의 여류작가이자 최초로 『생명의 과실』(1925)이라는 단독 시집을 낸 문인이었으며, 신문기자로도 활약할 만큼 뛰어난 능력을 지닌 여성이었다. 그러나 '여자에게는 영혼이 없다'고 거침없이 말하던 김동인(1900~1951)에 의해 「김연실전」의 모델이 되면서 치명적 상처를 입게 되었다. 더욱이 일본 유학 시절 만난 장교 이응준(1890~1985)에게 강간을 당하고도 그녀는 욕을 먹어야 했다. 무엇보다 그녀의 어머니가 기생첩이었던 사실을 끌어들여 원래부터 행실이 문란하다는 쪽으로 몰고 감으로써 그녀를 옥죄었다. 사생활에 대한 세간의 마녀 사냥식 왜곡으로 인해 마침내 그녀는 정신병자가 되어 일본 땅에서 비참하게 죽어야 했다.

1930년대 잡지[35]를 보면 당시 연애 사건의 부정적 결과를 잘 알 수 있다. "내가 처음에 너무 약했던 것입니다. 이지력도 의지의 힘도 또 판단력도 모두가 약했던 것뿐입니다."라고

---

35 「여교원 생활을 버리고 기생으로 전락된 백명숙: 그 여자의 변명 3」, 『신여성』, 1933. 6.

하면서 "앞으로도 기생으로 일생을 보내시겠느냐?"는 질문에 "천만에요. 혼자 생활할 밑천만 있다면 누가 미쳤다고 그 노릇을 하겠습니까."라고 적고 있다. 취직을 한 학교에서 본처가 있는 교무주임과 연애를 하다가 직장을 쫓겨나고 집안의 강요로 첩이 되었다가 기생으로 전락한 인텔리 여성의 인생 행로에 관한 내용이다. 신분의 차별이나 처첩의 제도 등에 대한 불만은 없이 불행의 원인을 자신에게만 돌리고 있다는 점에 주목하게 된다.

작가 강경애(1906~1943)조차 신여성으로서 겪은 자신의 삶과 자유연애를 부정적으로 인식했다. 어릴 때 아버지를 잃고 재가한 어머니 밑에서 자란 그녀는 18세가 되어 시인 양주동(1903~1977)을 만나 1년 가까이 동거를 하다 헤어진 후 고향으로 돌아와 손가락질 당하기도 하고 가출하여 간도 지방을 방랑하는 등 온갖 고생을 다했다. 강경애는 「인간문제」라는 작품을 통해 하층계급인 소작농의 딸 선비와 소작농 청년 첫째의 자유연애를 비극적으로 묘사하였다. 계급적 사회에서 개인의 자유연애는 더 이상 의미가 없음을 부각시킨 것이다.

이와 같이 연애와 관련하여 신여성들의 행보가 현실과 엄청난 괴리가 있었던 까닭은 사회가 아직 개인의 자유를 용납할 만한 유연성을 갖추지 못했을 뿐만 아니라 신여성들이 전통적인 유교 이념이나 질서를 철저히 부정하는 것이 선각자적 책무인 것으로 착각했던 데 있다고 본다. 결과적으로 김명순 같이 "애정 없는 부부 생활은 매음"이라 하고, 나혜석처럼 "정조는 오직 취미"라고 언급한 데서 알 수 있듯이 사회는 여전히 성과 사랑에서 도덕성을 요구하는 가운데, 확고한 방향성과 배려가 부족한 채 과격하게 나아갔던 신여성들은 1920년대 후반 자취를 감추기 시작했다.

1920년대 풍미한 자유연애의 현실적 갈등과 문제의 원인을 식민지적 상황과 연결시켜[36] 자유연애의 퇴폐적인 감상성은 잃어버린 국권을 되찾으려다 3·1운동의 실패로 그 지향점을 상실하고 난 뒤에 나타난 개화의 어두운 면으로 보기도 하였다.

36　윤혜원, 「한일 개화기 여성의 비교연구」, 『신여성』, 청년사, 2003, 280쪽.

6
이혼도 하고 불륜도 저지르다

유교적 가족질서와 성윤리를 중시하던 조선시대에는 국가적으로 이혼 제한책을 써왔기 때문에 여성들은 결혼을 엄숙하게 받아들이고 가능한 한 결혼 생활의 어려움을 감수해야 했다. 그러나 개인의 자유를 허용하는 개화기를 지나면서 1910년대 여성들은 줄기차게 이혼을 요구했으며,[1] 1923년부터 민법상 부부 쌍방에 대해 이혼소송 청구를 인정하였으므로 여성도 이혼청구가 가능해졌다.

이혼의 합법화에 따라 이혼 증가는 당시 사회적인 현상이 되었고, 1930년대에 이르러서는 이혼소송이 크게 늘었다. 신

---

1   소현숙, 『이혼 법정에 선 식민지 조선 여성들』, 역사비평사, 2017, 7쪽.

여성을 첩으로 둔 남편에게 울면서 "어디 가 무슨 짓을 하든지 장가는 열 번 백 번을 다시 들더라도 이혼만은 말아달라."[2]고 애원하던 구여성의 참담한 처지를 생각하면 놀라운 변화임에 틀림없다.

구체적으로 이혼 요청이 가능한 원인으로는 배우자의 간통, 중혼, 행방불명(3년 이상), 배우자 또는 배우자의 직계존속으로부터의 중대한 학대와 모욕 등이 있었다. 이러한 여러 이혼의 이유와 함께 성교 불능 등 여성이 성적 불만을 갖고 이혼을 청구하는 경우마저 있었다. 이혼소송에 위자료를 청구하는 경우도 있었음은 주목할 만한 일이다.

그러나 남자의 축첩은 이혼 사유가 될 수 없었을 뿐만 아니라 실제로 적지 않은 수의 첩이 존재하였고, 아내의 부정(불륜)은 이혼 사유가 될 수 있어도 남편의 부정은 이혼 사유가 될 수 없었다. 이런 점에서 여성의 실질적 지위가 보장되기에는 아직 미흡했다. 해방이 되고 나서야 여성의 법률적 지위를 개선하기 위해 남편들의 간통과 중혼을 처벌하는 법안이 국회에 제출되었다.[3]

1920년대 불어 닥친 여성해방론과 자유연애론은 불륜 또

2 『별건곤』, 1929. 12.
3 이태영, 「한국여성의 법적 지위」, 『한국여성사II』, 이화여자대학교 출판부, 1972, 138~170쪽.

는 이혼을 부추기기에 충분했다. 사랑이 없는 결혼은 당연히 이혼해야 한다는 인식의 확산에 따라 이혼은 일종의 사회현상으로 나타났는데, 유부녀의 불륜은 남편과의 이혼으로 이어지기 십상이었다. 무엇보다 자유로운 연애 및 결혼 속에 내재된 정조관의 변화는 간통 및 이혼 사건의 급증을 가져왔다. 이로 인해 많은 여성들은 홀로 불행한 삶의 여정을 참아내야 했다.

과격한 정조관

신여성 자신들이 내세우는 정조에 관한 입장을 들어볼 필요가 있다. 신여성의 상징적 존재로 일컬어지는 나혜석이나 김일엽 등은 여성에게만 강요되는 정조 이데올로기의 부당성을 신랄하게 공격했다. 나혜석은 누구보다도 강력하게 아래와 같이 정조에 대한 의미를 새로운 관점으로 이야기했다. 이는 정조에 관해 지금까지 인식하거나 발설하지 못한 시각이다.

정조는 도덕도 법률도 아무것도 아니요, 오직 취미다. 밥 먹고 싶을 때 밥 먹고 떡 먹고 싶을 때 떡 먹는 거와 같이 임의 용지로 할 것이요, 결코 마음의 구속을 받을 것이 아니다.

…우리 해방은 정조의 해방부터 할 것이니 좀더 정조가 극도로 문란해가지고 다시 정조를 고수하는 자가 있어야 한다.[4]

정조는 취미와 같기 때문에 개인 스스로의 선택에 의해 결정되는 것이지 결코 도덕이니 법률 같은 제도가 관여할 사항이 아니라는 합리적인 주장이다. 나혜석은 이처럼 정조에 대해 과감하게 발언을 하면서 완강한 제도와 고루한 인습으로 옥죄고 있는 현실을 떠나 꿈의 세상인 파리로 다시 떠나야겠다는 생각마저 멈추지 않았다. 마침내 건강을 잃고 죽음에 이르는 순간까지도 나혜석은 '정조'의 해방이 그토록 갈망하던 여성해방임을 선언하며 급진적인 자유연애적 신념을 바꾸지 않았다.

김일엽은 1927년에 「나의 정조관」이라는 제목으로 '신정조론'을 발표했다. 이 글에서 김일엽은 육체적 순결이 아닌 정신적 정조를 강조하였다. 즉 지금까지의 정조관에서는 정조를 물질시함으로써 과거를 가진 여자의 사랑을 부정적으로 보았는데, 이에 대해 반론을 제기하면서 그녀는 다음과 같이 냉철하게 소신을 밝혔다.

정조를 잃은 것으로 마치 어떤 보옥으로 만든 그릇이 깨

4   나혜석, 「신생활에 들면서」, 『삼천리』, 1935. 2.

어져서 못쓰게 되는 것 같이 생각해왔습니다. 그러나 정조란 그런 고정체가 아닌 것입니다. 정조는 어디까지나 사랑이 있는 동안에만 있는 것입니다.[5]

자유연애가 확산 일로에 있었지만 아직 성에 대해서는 언급하기를 꺼리던 시기에 김일엽은 정조는 사랑과 마찬가지로 고정된 것이 아니라 유동적인 것이라는 '신정조론'을 주장하며 성해방운동에 앞장섰다. 그녀는 "정조는 결코 도덕이라 할 수 없고 단지 사랑을 백열화(白熱化)시키는 연애의식의 최고 절정이다."라고 말하면서 그동안 강요되어온 여성의 육체적 순결을 배척하고 순결한 마음을 진정한 정조라고 했다. 정신적 순결을 중시한 김일엽은 새로운 남자를 만날 때마다 진실되기만 하다면 그것으로 의미가 있다는 '신정조론'을 주장함으로써 여성 성담론의 선두에 서게 되었다.

김명순도 진실한 사랑과 자유연애를 주장하면서 연재소설 속의 주인공을 통해 "애정이 없는 부부 생활은 매음이라"[6]고 거칠게 얘기했다. 육체적 순결이나 정조는 그녀에게 그다지 문제가 되지 않았다. 그러나 사랑의 진정성을 모색하고 자유연애의 가치를 드높이던 김명순에게 평생 기생첩의 딸이라

5　김일엽, 「나의 정조관」, 『조선일보』, 1927. 1. 8.
6　김명순, 「나는 사랑한다」, 『동아일보』, 1926.

는 혈통은 족쇄가 되었고 그 점 때문에 그녀는 비난받아야 했다. 신분상의 약점과 수모, 정숙해야 한다는 강박으로 인해 그녀는 가부장적 질서에 복수라도 하려는 듯이 자유연애를 과감하게 실천하면서 염문을 뿌렸다.

성윤리로서의 정조와 무관할 것 같은 기생들조차 정조에 관해 분명하게 입장을 표명한 사실은 매우 설득적이다. 기생 하나가 후배들에게 "아무리 기생이라도 마음 하나 변치 마라."고 하면서 "신의를 주장하면 자연 절개가 있느니라."[7]고 했던 말은 인상적이다. 천한 신분이요 직업상 정조를 지킬 의무가 없음에도 스스로 정조를 지키고자 했으며 남자들을 많이 상대해야 하는 처지에서 정신적 순결을 강조했다는 점에서 의미가 크게 부각된다.

여성해방론을 바탕으로 구현된 섹슈얼리티의 양상은 기존의 남성 중심의 가족제도의 폐해와 엄격한 부덕의 강요에 따른 차별을 지적하고 자유롭고 낭만적인 사랑과 성을 표출하기에 이르렀다. 이렇듯 자유연애는 정조에 대한 담대한 시각을 불러일으키면서 이혼할 수 있는 여지도 그만큼 늘어나게 되었다.

---

7 「노기자탄가」, 『장편가집』, 서울대학교 규장각.

이혼의 논쟁

연애가 실패로 끝나거나 남녀가 헤어지지 않고 원만한 가정을 이룬 경우도 많은데, 주은월은 수필에서 동네 사람들이 부러워할 만큼 여학교 출신의 아내와 교사인 남편이 단란하고 행복하게 살아가는 근대적 가족상을 제시한 바 있다.[8] 한편 이혼 후에도 독신으로 큰일을 하면서 개인적 생활은 물론 사회적 역할을 다하고자 한 바람직한 신여성들도 있는데, 여기서 행복한 결혼 생활의 지속이 얼마나 어려우며 부부관계의 해체가 또한 쉽지 않음도 알 수 있다.

현대와 달리 사회적 시선이나 경제적 어려움 등의 이유 때문에 당시 여성의 이혼에 대해서는 대체로 비판적이었다. 더구나 자녀 양육과 관련되는 경우 이혼에 대한 부정적 시각이 지배적이었던 것은 오늘날과 다르지 않았다. 물론 과부의 재혼 역시 자식이 딸린 경우 논란이 많았는데 이는 현대까지도 이어지는 문제이다.

결국 여성의 이혼과 재혼에 대해서는 호의적이지 않은 편이었고, 재혼의 경우는 정조관은 물론 자녀 양육과 관련되어 심각한 문제로 인식되었다. 말하자면 법률 제도로서는 재혼

---

8   주은월, 「행복스런 가정」, 『신여자』 2호, 1920. 4.

을 완전히 허용했으나 도덕률에 따른 개가 금지의 오랜 관습과 더불어 중류 이상의 계층에서는 개가를 천하게 여겨 재혼하는 사례가 거의 없었다.

조선시대 평민이나 천민들은 쌍방 간에 합의만 하면 이혼이 가능했다. 아내가 이혼을 요구하면서 두 딸을 두고 다른 남자에게 가버리자 남편 최덕현이 칼을 품고 가서 죽이고 싶었지만 용서하고 엽전 35냥을 받고 쓴 이혼합의서[9]가 전하기도 한다. 그러나 불과 30여 년 전만 하더라도 이혼은 사회적으로 금기시되었으며 남녀가 결혼 생활에서 갈등을 겪으면서도 이혼하지 않고 참아내는 가운데 가정을 지키는 것을 미덕으로 여겼다.

1920년대 남성 중심의 권위에 도전하던 김일엽은 편지 형식의 글에서 "우리 여자도 이 세상에 당당한 인격자로 살아가자면 어찌 남자에게만 의뢰하는 비열한 행동을 감히 하리까."[10]라고 하였다. 원만하지 못한 결혼 생활로 고통 받는 언니에게 과거의 모든 생활을 그만두고 직장을 갖고 독신 생활을 할 것을 권하고 있다. 김일엽은 행복한 결혼 생활의 유지도 힘들지만 이혼도 간단치 않음을 실제로 겪었다.

---

9   소현숙, 『이혼 법정에 선 식민지 조선 여성들』, 역사비평사, 2017, 71쪽 재인용.

10   김일엽, 「K언니에게」, 『신여자』 2호, 1920. 4.

박인덕(1896~1980)은 이화학당 교사로 재직하던 중 나혜석, 김활란, 신줄리아 등과 3·1운동에 참여하며 비밀결사를 주도한 바 있다. 김일엽의 친구이기도 한 박인덕은 이화학당을 졸업하고 1920년 6월 정동예배당에서 배재학당 출신의 청년 부호이자 유부남이었던 김운호와 결혼식을 올렸다. 불행하게 한 달도 되지 않아 남편 사업의 도산으로 가족 부양을 위해 정신없이 일을 해야 했던 그녀는 지옥 같은 가정에서 벗어나기 위해 남편과 어린 두 딸, 칠십이 된 홀어머니를 두고 미국 유학길에 올랐다. 박인덕은 6년 동안 자신의 학자금 및 조선에 남아 있는 남편과 자식들의 생활비를 벌면서 성공적으로 공부를 마쳤다. 학위를 받고 귀국하여 나태하고 무책임한 남편에게 거액의 위자료를 주고 이혼하여[11] '조선의 노라'라 불리며 세상의 화제 속에 빠졌다. 박인덕은 한국 역사상 최초로 남편에게 위자료를 주고 이혼한 여성이 되었다[12]고 한다.

물질적 풍요 하나 바라보고 선택한 남편이 몰락하니 아이들까지 버리고 사회 활동을 구실로 이혼을 요구한 것은 파렴치하고 안이한 행위라고 비판하는 경우도 많았다. 당시 비판에는 여자들의 문제를 사실 여부보다 호기심의 대상으로

---

11   색상자, 「박인덕씨와 사천원」, 『신여성』, 1931. 12.
12   전병관, 『경성기담』, 살림, 2011, 306쪽.

삼는 남성 우월주의적 시선이 있었음이 오늘날 지적되고 있다.[13] "박인덕은 주책없는 여성이요 미국식 위선에 젖어서 죄와 거짓으로 눈이 가려졌다."[14]는 등의 이혼 사건을 둘러싼 사회의 온갖 비난을 무릅쓰고 그녀는 여성운동, 농촌사업 등에 헌신하였으며 이혼한 여성으로서 당당하게 자신의 일을 해나간 인물이다. 그녀는 해방 후 인덕대학을 설립하게 된다.

이혼의 증가

1920년대 초에 월간 잡지에서는 "경향을 물론하고 이혼소송이 어지간히 많은 것은 매우 놀랄 만한 일이다. 그런데 그 소송은 남자 편에서 청구한 것은 드물고 십의 팔구는 여자 편에서 청구한 것이다."[15]라는 이혼 풍속을 전하고 있다. 1925년에는 황해도 안악군 안악읍 판팔리에 이혼 사건이 너무 많으니 지명을 '이혼리'로 고치면 어떻겠느냐는 가십성 기사[16]까지 등장했다.

오늘날의 이혼 증가 추세에 대해 사회적 반응은 크게 상반

---

13 김연숙, 『그녀들의 이야기, 신여성』, 역락, 2011, 31쪽.
14 김순녀, 「세상비판일기」, 『신여성』, 1931. 12.
15 부춘생, 『시사평론』, 1922년. 5월호·7월호.
16 『동아일보』, 1925. 9. 13.

되게 나타나고 있는데, 전통적 가족 해체의 징후로 보는 우려의 목소리가 있는 한편 가부장적 결혼과 가족의 민주화로 이해하는 목소리도 있다. 이렇듯 이혼은 시대와 무관하게 남녀모두에게 쉽게 결행할 수 있는 일이 아니다. 그럼에도 불구하고 당시 이혼이 감행되고 증가하는 현상을 보였던 것에 대해서는 그 원인과 함께 깊이 있는 분석이 요구된다.

1920년대 중반에 들어서면 이혼에 관한 법적 규정과 권리에 대한 기사가 자주 눈에 띈다. 그만큼 이혼이 제도화되기에 이르러 당연히 아내의 이혼청구권이 인정되었으며, 아내는 협의이혼뿐만 아니라 유책사유가 있을 경우 재판을 통해이혼을 할 수 있게 되었다. 이를테면 돈과 권력에 팔아넘기는 매매혼, 부모에 의한 강제결혼 등 자유의사가 아닌 불합리한 혼인 관계에서 이혼은 자연히 성립되는 것이었다.

많은 신여성들이 도쿄 유학 생활에서 만난 남성들의 경우 대부분이 조선에서 조혼을 하고 온 유부남이었다. 그런 남녀 관계 속에서 조혼의 문제점이 대두되고 이혼이 연애 이상으로 신문명의 기호가 되기도 했다. 또한 그 과정에서 신여성이 이혼이라는 문제적 상황의 원인이 되어 사회의 비난을 받아야 했다.[17] 1920~30년대에 이르면 자유연애와 결혼만큼이나

---

17   유진월, 『신여성을 스토리텔링하다』, 평민사, 2021, 241쪽.

이혼도 증가하게 되었고, 이혼은 가정과 사회에서 아주 심각한 문제로 부각되었다.

영화 〈아리랑〉(1926)의 주인공으로 출연했던 배우 신일선 (1911~1990)의 삶은 영화보다 파란만장했다. 그녀를 짝사랑하던 영화감독도 있었고, 그녀를 너무 좋아하다가 자살한 남성 팬마저 있었다. 인기 가도를 달리던 16세 나이에 친오빠의 꼬임에 넘어가 유부남에게 시집을 가는 불행을 맞게 되는데, 호남 갑부의 아들 양승환과 혼인하였으나 7년 만에 이혼해야 했다. 남편에게 이미 본부인이 있었지만 곧 이혼하겠다는 말만 믿고 결혼했다가 첩으로서 본처와 오랫동안 함께 사는 고통을 겪은 뒤 22세 나이에 자립하게 되었다.

"남자가 손이 둘이면 여자도 마찬가지"라면서 비행사로서 최후를 마치겠다고 결심을 했던 우리나라 초창기 여류비행사 이정희(1910~?)의 경우도 마찬가지다. 비행기사 2등 자격을 갖고 있던 그녀는 조선에서는 1등 자격을 얻기 힘들다는 생각에 상하이로 떠났다. 한 사람의 소개로 학식과 경제력이 있는 이성영을 만나게 되고 그로부터 다소 생활의 도움을 받으며 가까워지게 되었다. 이정희는 독일 의학박사 출신의 회사원이었던 그와 약혼까지 하였다. 그는 유학 시절 만난 독일 여자와 결혼하여 부부로 살고 있었음에도 불구하고 곧 이혼하겠다고 속였고, 또 다른 평양 출신의 여자와의 사이에 자식

까지 있고 당시에도 사랑하는 사이임이 밝혀져서 파혼에 이르게 되었다.[18]

소설가 박화성(1903~1988)은 고향인 전남 목포에 살면서 경험한 노동자와 농민들의 생활을 그려낸 사회주의 경향을 지닌 작가였다. 남편 김국진은 노동운동을 하다가 체포 구속되었고 출감 후에는 취직이 가능한 중국 땅 간도 지역으로 혼자 이주해버렸다. 오랜 생활고에 지친 박화성은 받아주지 않으면 자살하겠다며 저돌적으로 다가오는 부유한 사업가 천독근과 연애를 하게 된다. 결국 남편과 이혼을 하고 천독근과 재혼하지만 이 일로 사회의 빗발치는 공격에 시달려야 했다. 박화성이야말로 연애 사건으로 인해 가장 크게 비난을 받은 인물 중의 하나라 할 수 있다.

여성운동가였던 백신애(1908~1939)는 17세에 보통학교 교사로 사회에 첫발을 내디뎠으나 여성운동 단체 가입이 문제가 되어 강제로 퇴직을 당했다. 그 후 항일운동을 하면서 왕성하게 문학 활동을 해나갔다. 시베리아로 방랑의 길을 떠나고 도쿄로 유학을 가는 등 분주한 나날을 보내며 그녀는 가정의 안정이나 행복과는 거리를 두고 살았다. 그녀는 소설 『혼

---

18 김성은, 「결혼과 이혼의 역사」, 『우리나라 여성들은 어떻게 살았을까2』, 청년사, 1999, 87쪽.

명에서』를 통해 "그들은 나에게 아름다운 보물이 되어, 보고 싶고 만지고 싶을 때 마음대로 할 수 있게 방 안 장롱 속이나 선반 위에 잠겨 있어 귀한 옥돌이 되기를 원하는 것이랍니다."[19]라고 불만을 토로했다. 백신애는 자신을 험한 산골짜기에 솟아 있는 바윗돌에 비유함으로써 거친 삶을 잘 드러냈다. 그녀는 아버지의 강요에 의해 1932년 늦은 나이에 결혼했으나 얼마 지나지 않아 별거에 들어갔고 마침내 1939년 이혼을 하고 곧이어 생을 마감하였다.

간통과 동거

부모가 정해준 대로 남편을 만나 시집살이를 하던 때와 다르게 근대화 이후 여성 스스로 결혼을 거부하거나 부부 관계 및 성생활에 대담하게 불만을 표출하고 도망가거나 다른 남자를 만나 정을 통하는 일이 벌어지기도 했다. 구여성처럼 성적 억압과 인습의 희생양이 되는 것이 아니라 주체적으로 성적 욕망과 쾌락을 자각하고 발현하였다. 이러한 스스럼없는 간통이나 자유로운 동거 등은 결국 이혼으로 이어지기 쉬웠다. 이혼청구의 원인은 시대에 따라 다르나 1930년대에는 간

19　백신애, 『혼명에서』, 『조광』, 1939. 5.

통이 제일 많았다. 2000년 재판 이혼의 사유 중 가장 높은 비율(45%)을 차지하는 것은 배우자의 부정 행위였다[20]는 통계도 시사하는 바가 크다.

유학을 통해 신학문을 배우고 익히며 근대화를 추구했던 대부분의 남성들은 지각이 있기 전에 이미 부모의 뜻에 따라 조혼을 한 상태였다. 이들과 사귀면서 결혼하기를 원했던 많은 신여성들은 이혼을 용납하지 않는 완고한 남성 집안과 본처의 반대에 부딪쳐 첩이 될 운명에 처했고 그러한 처지마저 허용되지 못하는 경우에는 불륜의 비난에 시달리거나 실연의 상처를 견뎌내야 했다. 신여성이 첩으로 전락하는 것을 염려한 나머지 남자들은 미혼이라고 거짓말을 하고 여학생과 결혼식을 올리고 동거를 하기도 했다.

무엇보다 신여성은 신문명의 유입과 함께 들어온 연애의 시대를 이끈 계층이었고, 이 신여성에 대한 사회의 부정적인 평가도 주로 성에 대한 그녀들의 자유로운 의식 때문이었다. 신여성들이 생각하기에 진실한 사랑이라면 육체적 순결 여부는 중요하지 않았다. 그녀들은 결혼과 상관없이 사랑에 자유로웠고 유부남과의 연애에도 적극적이었다. 그 결과 지적 재능과 인간적 열정에도 불구하고 세상의 지탄을 피할 수 없

20 이재경, 『가족의 이름으로』, 또 하나의 문화, 2003, 182쪽.

었다.[21] 방정환(1899~1931)은 "여자 예술가라는 천하의 잡것들이 혼인 전에 신랑을 몇 사람씩 갈아 살어도 재조가 귀엽다고 사회라는 독갑이가 떠밧치고 내여세우니까 고갯짓 궁둥이짓을 한꺼번에 하고 다니지만…"[22]이라고 신여성들을 가차 없이 비난했다. 물론 타락해가는 성의 세태에 대해 "서울 시민의 4할은 매음녀이고 정조 관념이 조금도 없다."[23]는 비판까지 있었다.

남녀에게 차별적으로 적용되는 성도덕의 이중성에 반발하는 신여성들의 자유연애와 성적 자유에 다소 지나친 면은 있으나 여성을 근대적 주체로 세우는 데 나름의 역할을 했음에 틀림없다. 신여성의 자유로운 사상과 연애에서 비롯되는 간통이나 동거 등의 불륜은 온갖 비난과 조롱의 대상이 되었다. 신여성의 이혼은 사실 간통이나 동거와 직접적인 관련이 있는 편이다. 신여성들은 남성들과의 부적절한 관계로 이혼을 당해야 하는가 하면, 남성들과의 부정한 관계로 삶의 나락으로 떨어지기도 했다. 개화기에 자유연애가 근대적 시대정신을 내포했던 것과는 거리를 두고 점점 사적인 영역으로 축소

---

21 유진월, 「신여성의 근대체험과 영화의 재현」, 『인문과학연구』 28집, 강원대 인문과학연구소, 2011, 411쪽.
22 『신여성』, 1926. 7.
23 이훈구 외, 「정당한 연애와 결혼 좌담회」, 『조광』, 1939. 2.

되어갔다.

남편 김우영(1886~1958)이 이혼청구를 하고 15일 이내로 도장을 찍지 않으면 간통죄로 고소하겠다고 위협했던 대로 나혜석은 최린과 파리에서 저지른 불륜으로 인해 이혼을 당하고 그 후 혹독한 시련을 겪어야 했다. 그런 와중에도 그녀는 "정조 관념을 지키기 위하여 신경쇠약에 들어 히스테리가 되는 것보다 돈을 주고 성욕을 풀고 명랑한 기분으로 살아가는 것이 아마 현대인의 사교상으로도 필요하다."[24]고 과격하게 주장했다. 그리고 이와 관련해서 "여자 공창만 필요한 것이 아니라 남자 공창도 필요하다."고까지 말했다. 이렇게 관습으로 이어지는 윤리적 절제를 넘어선, 성에 대한 급진적 관념으로 볼 때 나혜석의 남편 김우영과의 파탄은 예고된 것이었다고 할 수 있다.

김일엽의 경우 불문에 귀의하기 전 남성 중심 사회를 뒤흔들며 여성해방을 외친 선각자였다. 그러나 불행으로 이어지는 남성과의 부정한 관계, 개인적 성 스캔들은 그녀를 옥죄었다. 특히 연희전문학교 교수이던 이노익(1878~?)과의 결혼 생활이 3년 만에 끝나고 나서 일본인인 오타 세이조(太田淸藏)와 동거하여 아들을 출산한 뒤 실의의 나날 속에 지내던 김

24   나혜석, 「독신여성의 정조론」, 『삼천리』, 1935. 10.

일엽은 새롭게 노월 임장화를 만나게 되었다. 시인 김기진(1903~1985)은 "김씨는 재작년 겨울부터 도쿄서 임노월과 사랑하다가 작년 정월 이후부터 임군과 공공연하게 동거하여 지내왔다."고 한 뒤 이어서 "그녀는 '예술과 실생활을 분리할 것이 아니고 실생활이 우선 예술이 되어야겠다고 생각하였다'고 말한다. …재롱도 여기까지 오면 도리어 정이 떨어진다."[25]고 했다. 김기진은 김일엽의 삶 전체를 짓밟을 정도로 그녀가 임노월과 동거에 들어간 연애 사건을 추악하고 외설적인 행위로 치부하였다.

사회주의자 김기진은 김명순에 대해서도 경멸의 시선을 보냈는데, 그녀의 시에 대해 혐오 가득한 어조로 매도했다. "이것('기도')도 역시 그와 같은 소위 '분' 내음새가 나는 시의 일종이다. 누가 보든지 순실한 처녀, 혹은 여자가 정성껏 드리는 기도로는 보지 않을 것이다. 이 시에는 거친 생활을 계속하는 타락한 여자가 새로 마음을 고쳐먹고서 거울 앞에 앉아있는 그러한 무―드가 많이 있다. …거친 피부를 가리어주고 있는 한 겹의 얇은 분을 벗기어버리면 그 아래에는 주름살진 살가죽이 드러난다. 그와 마찬가지로 그의 시도 한 겹의 가냘

25   김기진, 「김원주씨에 대한 공개장」, 『신여성』, 1924. 11.

픈 화장이었다."[26] 도쿄에서 김명순이 임노월과도 동거한 바를 잘 알고 있는 김기진은 임노월에 대해서는 입을 닫고 김명순에게 가히 인신공격에 가깝게 난도질하였다.

영화 〈사의 찬미〉 시나리오에서는 조선에서 유학 온 남성들과 자유로운 친구 관계를 형성하고 있던 윤심덕(1897~1926)은, 장안의 갑부 이용문이 "넌 내 여자가 되어야 해."라고 하자, "좋아, 맘대로 해. 네가 바라는 게 이 몸뚱이뿐이라면 천만번이라도 줄 수 있어. 나는 네까짓 인간에게 더럽혀지진 않는다."(#41)라고 표현하고 있다. 애인 김우진과의 대화에서는 "서로 사랑하면 무얼 해야 하는지 고민할 필요가 없는 거예요. 난 당신의 짐스런 정부도 애인도 첩도 아니에요. 결혼을 원하지도 않아요. 당신의 마음에만 살아 있으면 그걸로 충분해요."(#121)라고 하였다.[27] 여성을 구속하는 제도적인 결혼, 정조 등을 문제 삼지 않고 인간으로서의 진실한 사랑에 대한 열정만을 중시하는 윤심덕의 자유로운 개성이 넘쳐 나고 있다.

동아일보 기자였던 허정숙(1908~1991)은 이론과 실천으로 무장된 대표적인 사회주의 운동가였다. 변호사로 활동하면

---

26 김기진, 「김명순씨에 대한 공개장」, 『신여성』, 1924. 11.
27 임유순, 〈사의 찬미〉, 『한국 시나리오 선집』 9권, 집문당, 1997, 254~324쪽.

서 사회주의 운동을 하던 아버지 허헌(1884~1951)의 영향을 받아 자연스럽게 사회주의가 몸에 배었다. 마음껏 자유연애를 구가했던 그녀는 사회주의적 동지로서 연인을 선택하고 결별하는 생활을 계속해 나갔다. 나이 30 이전에 애인을 3명 이상 가졌고 그때마다 자식을 얻었다. 1924년에 사회주의 운동가 임원근(1900~1963)과 결혼을 한 허정숙은 다음해 조선공산당 사건에 연루되어 남편이 검거되자 1년 후 "계급이 있는 한 참 연애는 없다."는 사회주의자 송봉우(1900~?)와 동거를 시작하였다. 공산주의 운동으로 체포된 송봉우가 전향하자 그와 애정을 청산하고 또 다른 남성들과 교제를 했다. 조선일보 기자였던 신일룡과 가까워지기도 했고, 근거지를 옮겨 중국에 가 있을 때는 독립운동가 최창익(1896~1957)과 동거하기도 했다. 남편 임원근이 자기가 옥중에 있을 때 애인을 사귀고 동거한 사실을 지적하자 허정숙은 "성생활은 인간의 자유로운 요구이고, 남편이 없는 동안 젊은 내가 다른 사람과 지내는 것이 무엇이 나쁜가."라고 대응했다.[28] 사회의 비난과 공격을 피해 허정숙은 미국으로 유학을 떠났다.

연애관이 무척이나 개방적이다 보니 1920년대 이후 조선

---

28   송연옥, 「조선 '신여성'의 내셔널리즘과 젠더」, 문옥표 외, 『신여성』, 청년사, 2003, 99쪽.

혁명사상 가장 걸출한 박헌영(1900~1955)의 첫째 부인이던 사회주의 운동가 주세죽(1901~1953)은 10여 년을 함께 살아온 남편이 체포되자 독립운동가인 김단야(1899~1938)와 동거를 시작한 뒤 결혼까지 했다. 유부남이었던 김단야는 이화학당 출신의 신여성인 고명자(1904~ ?)와 동거를 해서 사실혼 관계였었다. 사회주의 운동가 이순금(1912~?)은 전설적인 혁명가로 불리던 이재유(1903~1944)와 짧게 동거한 바 있고, 이재유는 박진홍(1914~?)과 혁명동지로서 동거 생활을 하다 서로 사랑하며 임신까지 하게 되었으며, 박진홍은 뛰어난 학자이자 좌익 활동을 하던 김태준(1905~1949)을 자신의 집에 숨겨주며 부부 생활을 시작했다.

자유롭고 개방적인 성과 연애는 여성 억압적인 성도덕에 반발하면서 급속도로 확산되어간 것은 자연스러운 일이다. 다만 "오늘의 연애가 향락적이며 육감적이란 것은 크게 논의되어야 할 것이다."[29]라는 지적을 피할 수 없을 만큼 연애와 성이 지극히 선정적이고 육욕적인 색채를 띠는 것은 특기할 만한 현상이었다.

1920년대 신여성의 출현에 의해 부각되고 주목받았던 자유로운 성과 여성해방에 대한 이상은 1930년대 공황과 실업

---

29 윤규섭, 「성애론」, 『비판』, 1938. 4.

과 빈곤의 위협 앞에서 흔들릴 수밖에 없었다. 결국 개인은 더욱 세속화되어갔고 성은 향락적으로 변화되어갔다.

성의 상품화

근대 시기 자유로운 연애나 성생활과 결혼을 구가하면서도 이상적인 연애와 부부관계, 정절의 가치 인식 속에 불륜과 탈선을 비롯하여 성적 방종, 성욕의 남용, 성적 퇴폐 등이 항상 경계의 대상이 되었다. 성욕의 분출이나 성애의 향락은 이제 사적인 영역에 그치지 않고 사회적 영역이 되는 지경에 이르렀다. 성적 자유가 가정과 개인의 문제로 제한되지 않고 직업적 성희(性戱)로 확산되어갔다.

성의 자유에 대한 곱지 않은 시선과 타락한 성적 현실에 대한 비판은 나름의 수긍할 만한 이유도 있다. 그러나 자신들의 주장을 정당화하기 위해 과도하게 현실을 부각시킨 면도 있고, 더구나 1920년대 중반 이후 가속화된 대중매체의 상업주의적 경향이 이를 부추겼다. 즉 신문이나 잡지의 판매율을 높이기 위한 의도에서 성을 선정적으로 이용한 술수를 부정하기 어렵다.

이미 개화기부터 성적 장애 치료제, 성병 치료제의 광고가 신문이나 잡지에 등장할 뿐만 아니라 성생활, 성욕 등 성에 관한 억제되었던 이야기들을 드러내놓기 시작했다. 독자들의 호기심을 자극하고 욕구를 충족시킬 만한 갖가지 방법과 전략들이 동원되었다. 여성과 성을 상품화하려는 경향은 앞에서도 말했던, 1927년 서울 거리의 모든 간판 그림의 70~80%가 꽃이 아니면 여자였다고 하는 데서도 드러났다. 여성과 성이 자본을 매개하는 이미지로서 광고의 핵심을 차지하고 있었던 것이다.

1920~30년대가 되면 성에 대한 본격적인 이야기들이 매스미디어를 통해 공론화가 이루어졌고, 이 시기 언론매체들은 에로티시즘의 성행, 성적 문란을 다투어 보도하였다. 성적 방종과 성적 퇴폐는 자본주의 사회의 특징이었고 자본주의 속성상 불경기에는 더욱 유흥업소가 늘어났다. 자본주의 사회에서는 여성들의 성이 자유롭게 표출되거나 살아가기 위한 방편으로 이용되기도 했다. 특히 가난한 여성들은 자신을 상품으로 내놓기까지 했는데, 경제력을 갖지 못한 여성들이 자신의 소비적 욕구, 물질적 욕망을 채우기 위해 건전한 연애를 위반하고 성적 타락에 이르기도 했다. 그러나 아버지가 병들고 무능하여 집안이 곤궁한 경우, 아버지가 외도하며 홀어머니의 힘만으로는 살기 힘든 경우 등 비극적 현실은 앳된 처녀들을 거리로 나오게 하거나 매춘의 현장으로 끌어냈다.

식민정책이나 극심한 경제 침체로 빈곤이 가속화될 때 도시에 거주하는 직업여성의 상당수가 유흥업 또는 접객업으로 내몰렸다. 기생은 근대화의 과정에서 위축과 퇴락을 겪은 대표적인 여성계층이다. 예술가로 자칭하던 기생들의 대부분이 가난 때문에 기생이 되었다는 통계적 기록도 시사하는 바가 크다. 1930년대 서울 기생 1천여 명을 대상으로 기생 전의 직업을 조사해본 결과 대부분이 직공, 점원, 버스 안내원 등이었다[30]고 한다.

1929년에 간행된 『경성편람』에는 기생들의 월수입이 1인당 300원에서 380원 정도의 고수입이며, 식민지 경제의 열악한 상황 속에서 화류계만이 황금시절을 보냈다고 적혀는 있지만 당시 화류계 내부의 기생들 수입의 편차는 매우 컸다. 창녀로 전락하기까지 하는 일제강점기 기생의 부정적 이미지는 개인의 성적 방종 때문이기보다는 집안 형편의 어려움과 그를 구제하기 위한 희생에서 비롯되었다는 점을 알 수 있다.

기생들은 『장한』(1927)에서 스스로 사회에 해독을 끼치고 자신의 말로도 참담하게 하는 기생제도는 폐지되어야 한다고 말했으나 매춘부라고 손가락질하고 함부로 대하는 것에 억울해하면서 옛 기생들의 재능과 품위를 되찾고자 다짐했다. 여성해방의 차원에서 남성 중심의 이데올로기에 저항했

---

30 이화형, 『기생』, 푸른사상, 2018, 29쪽.

던 기생 화중선은 자신은 여성에게 시집이라는 유폐 생활을 강요하고 남성에 예속시키는 사회제도에 반발하여 기생이라는 직업을 선택했다고 이야기한 바도 있다.[31] 잡지 『삼천리』(1935)에서는 당시 기생은 돈에 눈이 어두워 웃음과 고깃덩이를 파는 인간으로 변질되었지만 옛 기생의 생활이란 참으로 깨끗하고 노블한 것이었다고 했다.

1876년 개항 이후 20세기 초에는 국가가 여성의 성을 사고 파는 일을 공인하는 공창제가 생겨나기도 했다. 일본인들이 국내에 유입되면서 일본의 창녀들이 따라 들어왔고 정부에서는 이들의 집단 거주지인 유곽을 허용함으로써 매춘업이 성행하기 시작했다. 최초의 유곽은 1902년 부산 중구 부평동에 우에노 야스타로(上野安太郎)라는 일본인이 개업한 안락정이었고, 서울에는 1904년 남산 아래 쌍림동에 유곽이 들어서기 시작했다. 한때 일본인만을 위해 운영되었던 유곽은 철도의 발달과 함께 점차 조선 전국에 뿌리를 내리며 경제적 빈곤에 시달리던 여성들과 자본주의적 성매매에 눈뜬 남성들을 빨아들였다.

게다가 1916년 성매매를 공식화하고 창녀들로부터 세금을

---

31 화중선, 「기생생활도 신성하다면 신성합니다」, 『시사평론』, 1923. 3.

받는 공창제도가 법적으로 확립되면서 매춘이 보편화되고 사회 전반으로 성적 타락이 증폭되었다. 1919년경에는 조선인을 대상으로 한 조선인 유곽이 만들어졌다. 큰돈을 벌어보려는 조선인 매춘업자들이 늘어나면서 조선인 유곽도 증가하였다. 1929~30년 당시에는 총 25개의 유곽에 510명(일본인 303명)의 포주와 3,170명(일본인 1,789명)의 성매매 여성들이 활동하게 되었다.[32] 1910~20년대 호황을 누리던 요릿집이 1930년대 들어 극심한 불경기를 맞아 기생의 사창화가 가속화되기도 했다. 1945년 해방 이후 유곽은 사라져갔는데 1947년 미군정청에 의해 공창이 공식적으로 폐지되었기 때문이다. 그러나 '공창 폐지령'에 따라 성매매가 불법화되지만 이후 사창이 오히려 확대되는 결과를 낳음으로써 밀매음이 성행하고 인신매매도 극성을 부렸다.

일제강점하의 공창 및 사창의 80%가량이 나이가 20세 전후였다고 하는데, 이들의 99%가 생활이 곤란하여 그 직업을 선택하게 되었다고 하는 사실에서도 가정형편이 여성들의 삶에 얼마나 영향을 미쳤는가를 가늠하게 된다. 경제적 궁핍으로 생존의 위기를 겪던 여성들은 대개 목돈을 쥘 수 있다는

32 「박성현의 만인보로 읽는 한국사—49화」, 『뉴스토마토』, 2017. 1. 8.

유혹에 이끌려 몸을 팔겠다는 결심을 하였다.

1929년 한 유곽조합의 발표에 의하면 창녀들이 받는 화대가 대체로 1시간 손님의 경우 2원이며 밤 12시부터 아침 7시까지 손님의 경우 6원이었다고 한다. 이는 매우 고액이었다고 하는데, 당시 쌀 한 말 값이 2~3원이었기 때문이다. 그러나 1932년 일본 내무성 발표에 따르면 이들 수입의 80% 안팎이 포주에 돌아갔다고 한다. 그러므로 의상비, 목욕료, 미용료, 식비, 세금 등 최소한의 생활비만을 빼더라도 오히려 10~20원의 적자가 나고 그 적자가 다시 누적되는 악순환의 연속이었다고 한다. 매춘업을 견디다 못해 탈출을 감행하거나 자살을 시도한 창녀도 많았다. 1931년 4월 함경북도 청진에서 일어난 창녀들의 동맹파업은 매춘 여성들이 근대적인 성매매제 아래서 얼마나 인권 유린을 당하고 있는지 잘 보여 준다.[33]

실업과 불황으로 1925년에 조선인 2,805명이던 매춘 여성의 수가 1931년이 되어 5,072명으로 늘어나기도 했다.[34] 일제 말기에는 일본, 중국, 필리핀, 인도네시아, 남양군도 등지로 끌려간 수천 명의 위안부들이 들어오게 되었는데 생계가

---

33 박정애, 「국가의 관리 아래 신음하는 매춘 여성」, 『20세기 여성사 건사』, 여성신문사, 2004, 35쪽.
34 『동아일보』, 1932. 5. 21.

힘들어 매춘부로 전락하면서 창녀의 수가 증가하기도 했다. 물론 공창의 폐지로 사창이 증가하고 성병이 만연하는 등의 우려 속에 공창 폐지 반대론이 주장되기도 했으며 여러 원인을 들어 풍기를 문란케 하는 공창을 폐지하자는 운동이 끊임없이 일어났으나 그다지 성과를 얻기는 힘들었다.

카페의 등장

대체로 1910년대부터 20년대 후반까지 도시 지역에서 전성기를 누렸던 위락 공간으로는 권번 기생들이 가무를 공연하던 요릿집을 들 수 있다. 그 후 도시의 유흥 및 위락 문화를 선도해가기 시작한 공간은 카페였다. 이미 1920년대부터 새로운 도시 공간에서 가장 첨단적인 장소가 된 이 카페는 일상의 영역에서 벗어난 유혹과 일탈의 공간이었다. 카페가 번창하고 퇴폐 영업소가 증가하는 추세 속에 근대의 고민도 깊어갔다.

카페는 1920년대 처음 서울에 등장했는데, 일본인이 밀집한 남촌을 중심으로 들어서다가 1930년대 들어 급격히 늘기 시작하여 '남촌에 카페 북촌의 빙수집'이라는 말이 무색할 정도로 종로, 무교동 등으로 확산되었다. 이렇듯 카페는 버젓이 도시의 유흥문화를 장악하는 공간으로 자리를 잡았다. 1930

년대 서울에만 카페가 1000개나 되었는데, 이 소비 공간의 주된 향유자 중 하나가 신여성이었다.

1930년대 불경기 속에서도 카페는 늘어갔으며, 『매일신보』에 따르면 1930년대 중반 서울에는 화류계에 종사하는 여성이 3,800여 명이었는데, 그중 조선인은 2,000여 명이며 기생의 수가 990명인 반면 카페 여급의 수는 1,946명으로 카페여급이 기생을 약 2배 정도 앞지르고 있었다.[35] 이 시기 이후 서울의 카페의 번성은 미래에 대한 전망을 상실하고 좌절과 허무가 지배적이었던 지식인의 처지를 반영한다는 점에서 식민지적 특성을 띠었다고 본다.[36]

카페는 비용이나 절차 등에서 부담 없이 유흥을 즐길 수 있는 서구적 소비 공간이었다. 조니워커 같은 위스키, 에로 멜로디의 음악, 고혹적 분위기의 댄스 등 갖가지 이국적인 취향에 매료될 수 있다는 점에서 기존의 요릿집을 능가하는 위락 시설로 부상했다. 더구나 선정적인 짧은 치마를 입은 여급의 미소는 시선을 끌기에 충분했다. 현란한 실내 디자인과 세련된 분위기에서 모던한 차림을 한 젊은 여성들이 시중을 드는 카페는 공개화된 성적 서비스의 공간이었다.

---

35 『매일신보』, 1936. 1. 28.
36 김경일, 『여성의 근대, 근대의 여성』, 푸른역사, 2004, 220쪽.

여기는 모던을 꾸미고 현숙을 분장한 묘령의 꽃같은 처녀들이 웨이트리스란 서양 궁전의 시녀 이름 같은 직명을 가지고 그 일비일소에도 실없는 사나이들의 생명을 좌우할 매서운 기능을 살짝 백설 같이 흰 에이프런 뒤에 감추고 기다리지 않느냐?[37]

카페야말로 현대인의 변태적 기호에 부합할 수 있을 만큼 모든 향락의 요소들이 준비된 곳이라 인식되었다. 이 카페는 서울을 비롯한 대도시의 밤거리를 밝히는 에로틱한 소비와 향락의 영역이요 욕망이 흐르는 공간이었다. 대중들의 호기심을 자극하며 등장한 카페는 1920년대 조선을 강타했던 자유연애의 풍조가 상업적인 형태로 나타난 곳이다.

여급이 연애 형식 이상의 그 무엇을 파는 수가 더러 있을지는 모르나 연애만은 공공연하게 팔 수 있다. 카페는 단지 연애의 수속비로 술을 팔 뿐이요 팁이라는 희사가 연애의 가격이 된다."[38]

이와 같이 "연애를 파는 시장"이라 할 만큼 카페는 공공연

37　박로아, 「카페의 정조」, 『별건곤』, 1929. 9(김진송, 『서울에 딴스홀을 허하라』, 현실문화연구, 2002, 260쪽 재인용).
38　『혜성』, 1931. 11.

한 연애의 전당이자 여성의 몸이 상품화되는 공간이었다. 살림에 쪼들리는 여배우 출신들이 환락의 장소인 이 카페에 진출하는 경우도 많았다. 향락산업의 발달에 따라 업주들에게 포획되어 생활 보장이 안 되는 여배우들이 극단과 프로덕션을 탈출하였다. 여배우로서 카페 여급 노릇을 한 많은 경우 여성들은 자연스럽게 '살을 파는' 성매매 행위를 해야 했다.

고도의 능력이나 많은 자본 없이, 그리고 까다로운 수속 없이 취직할 수 있었기에 서구적 카페는 여급들에게 적격이었을 것이다. 카페의 여급을 선택하는 가장 큰 이유가 전문적 기술 없이 고수익을 얻을 수 있다는 경제적 이유였지만, 연애의 좌절, 결혼의 실패 등도 카페 진출의 중요한 원인이 되었다. "서울의 카페라는 곳은 몰락 여배우의 수용소다."[39]라는 말도 있었다.

성은 하나의 상품이 되어 도시의 그늘을 파고들었고 성의 상품화는 급속도로 진행되어갔다. 배우 지망생들이 불량한 사람들의 유혹에 빠져 퇴폐와 윤락의 길로 들어서기도 했다. 요릿집에서 서양 재즈를 부르고 양장 차림에 일제 신발을 신고 일하던 모던한 기생들 가운데 일부는 카페 여급으로 전업을 하기도 했다. 고등교육을 받은 인텔리 신여성들 가운데 궁

---

39 『별건곤』, 1932. 11.

핍에 쫓겨 원래 꿈꾸던 직업을 구하지 못하고 카페의 여급이
되는 경우도 있었다.

여자가 카페 여급으로 일하면서 무직의 남편을 먹여살리고
택시기사로 취업까지 알선했더니 버스 여차장과 바람을 피
우고 결혼식까지 올리는 일이 벌어져 본처와 가족들이 식장
을 뒤집어놓는 사건이 신문에 보도되기[40]도 했다.

40 『조선일보』, 1935. 6. 19.

제3부

사회 발전의 초석이 되다

7
전문직에 취업하기 시작하다

　근대사회 이전에는 부를 축적하기 위한 여성의 자유로운 경제활동이 인정되기 힘들었다. 근대교육의 혜택 속에서 여성도 독자적으로 경제적 독립을 이루어야 한다는 의식이 움텄다. 개항 이후 자본주의 사회로 변모되는 가운데 여성들은 집안의 울타리를 벗어나 서서히 직장이라는 공간으로 이동하면서 자유로이 전문적인 직업에 몸담기 시작했다. 여성 지식인들은 가족과 남성이 옭아매는 여성의 비인권적 요소는 바로 여성이 경제적으로 독립하지 못했기 때문이라 자각했던 것이다.

　1932년 신동아사가 주최한 '여기자 간담회'에서 근대의학을 공부한 신여성이면서도 남편과 자식을 귀하게 여겼던 허영숙(1897~1975)이 여자는 가정이 천직이고 남자는 사회가 천직이라고 발언하자, 김일엽은 여자도 지위 상승을 위해 사회로 나가 활동할 필요가 있다고 강력히 반론을 제기한 바 있다. 한편 "자녀가 있는 이로 직업을 가지는 것은 자녀에 대한 죄악이다."[1]라고 언급되는가 하면, 어느 여교사는 "직업을 가진 사람에게 애기가 생긴다는 것은 큰 고통이다."[2]라고 말한 적이 있다. 가정을 보호해야 한다는 생각이 깔려 있는 가운데 신여성들이 직업을 통해 공적 공간으로 진출하고자 고군분투했음을 알 수 있다.

1920년대 이후 인텔리 신여성의 대표적인 직업으로는 교사, 의사, 기자, 예술가 등의 전문직을 들 수 있는데, 근대가 여성들에게 제공한 새로운 직업들은 예전과 전혀 다른 공간 경험을 갖게 했으며 공적 노동 공간은 여성들에게 해방된 주체로서 근대적 자아상을 느끼고 실천하도록 했다. 1930년대에 이르러서는 결혼하지 않고 전문직에 종사하는 여성들도 나타나기 시작했다. 그러나 식민지 정책에 의해 한반도의 공업화가 진행됨에 따라 사회여론은 자녀교육과 모성애를 강조하면서 직업여성에 대해 부정적 평가를 내리기도 했다.

1 『신여성』, 1933. 4.
2 『신여성』, 1933. 1.

경제력이 여성해방의 열쇠

역사적으로 근대 초기 남성들의 부재는 불가피하게 여성들의 활동을 절실히 요구했으며 산업화의 진전에 따른 노동력의 필요성 증가와 함께 여성의 사회 진출이 차츰 활기를 띠기 시작했다. 즉 우리 사회의 자본주의가 발전하면서 직업이 다양해지고 여성들도 서서히 직장을 가지게 된 것이다. 1920년부터는 중등학교 이상의 학력을 지닌 여성 가운데 많은 수가 직업을 가졌다. 대개는 결혼하기 전 잠시 직장을 가지려는 의도로 시작했다가 점차 직업여성이 되기를 희망하는 사람이 증가하면서 결혼을 하지 않고 독신으로 지내려고도 했다.

여성해방론자였던 이광수(1892~1950)는 "혼인하려는 남녀의 자격 하나는 각각 확실한 직업을 가짐이외다."[3]라고 경제적 능력을 혼인의 조건으로 내세운 바 있다. 언론에서는 "생활에 독립할 수 없는 여자는 결혼할 자격이 없다고 생각합니다. 왜 그러냐 하면 사람은 세상을 살아 나아가자는 것이 주장이오, 결혼은 그 일부분에 지나지 못하는 연고올시다."[4]라고 하였다. 1930년대 많은 결혼 관련 좌담회에서 내리는 결

---

3   이광수, 「혼인에 대한 관견」, 『학지광』, 1917. 4.
4   「선진여성들의 결혼관과 직업 부인관」, 『조선일보』, 1926. 2. 19.

론을 보더라도 여성들은 여전히 결혼을 최대의 희망으로 여겼으나 결혼이 인생의 목표일 수는 없다는 시각에서 경제적인 독립을 기반으로 결혼하여 이상적인 삶을 살아야 한다는 주장들이 지배적이었다. 1930년대 타락한 여성의 슬픔을 다룬 글들에 대해 "남녀 간의 사랑에 대한 환상과 허영을 가지고 그것을 인생의 목표로 삼는 한 타락의 결과를 낳는 것은 너무나도 자명하다는 사실을 일깨워 주고 있다."[5]고 지적되기도 했다.

경제적 자립을 이루어야만 인격을 갖춘 주체가 될 수 있다는 생각이 당시 광범위하게 퍼져 있었다. 주요섭(1902~1972)은 「결혼 생활은 이렇게 할 것」이라는 제목의 글에서 아래와 같이, 사회적 직업 없이 집에 일하는 사람을 두고 자신은 손가락 하나 까딱하지 않으면서 남편이 벌어다 주는 돈으로 풍족하게 살아가는 여성을 "매음녀와 다를 바 없다."면서 혹독하리 만큼 경멸하는 주장을 폈다.

> 하룻밤에도 여러 남자에게 생식기를 일 원 혹은 오 원씩 받고 팔아서 생활하는 창기나 매음녀와 이렇게 한집에 들어 앉아서 다만 한 남편에게 한 주일에 두 번 혹은 세 번씩 팔아서 그것으로 매일매일 먹고 입고 마실 것을 얻는 이런 종류

5   김연숙, 『그녀들의 이야기, 신여성』, 역락, 2011, 77쪽.

의 아내와는 결코 다른 점이 없을 것입니다.[6]

여성도 반드시 직업을 가져야 남편과 동등한 위치에 설 수 있으며 인간적인 대우를 받을 수 있다는 인식에서 쏟아낸 강경한 발언이다. 근대사회에서 교육과 더불어 직업은 여성을 해방시키는 필수조건이자 여성의 지위를 향상시키는 주요한 수단이 되었다. 여성들 사이에서 남에게 의지하지 않고 적절한 직업을 구하여 자기의 의식주 문제를 해결함은 물론 인간다운 생활을 해나가야 한다는 목소리는 점점 커져갔다. 사실 지금도 한 개인의 발언권이 그의 경제력과 정비례한다는 인식이 공유되고 있다.

1930년대 들어 소비문화가 확산되면서 무엇보다 경제적 독립이 여성해방의 열쇠임을 깨달은 신여성들은 제각각 자신의 직업을 갖고 싶어 했다. 처녀들뿐만 아니라 가정부인들도 직업을 갖고자 함에 따라 '부인을 위한 직업소'도 생겨났다. 어릴 때 아버지를 잃고 가난하게 자란 강경애(1906~1944)는 "사회적으로 완전한 경제적 개변을 보지 못하고는 완전한 해방도 없습니다."[7]라고 설파했다. 신여성들은 경제적으로

---

6   『신여성』, 1924. 5.
7   『신가정』, 1933. 12.

독립해야만 남성과 동등하게 완전한 인격체가 될 수 있다는 확고한 믿음을 갖고 있었다.

당시에 여학교를 나왔다 하더라도 취업을 하기 힘든 상황이었다. 미약한 직업 활동은 여성의 사회적 또는 경제적 지위의 취약성을 반영하는바, 여성 취업의 가장 큰 장애는 무엇보다 남녀의 취업 기회가 균등하지 못했던 성차별적 요소 때문이었다. 여성의 중등교육의 기회가 제한적이었던 것, 조선 경제가 침체되었던 것 등도 취업률을 낮추는 큰 요인이 되었다.

취업 여성의 업종별 분포를 보면 절대 다수가 1차 산업인 농수산업에 종사했고, 두 번째 비중을 차지한 업종이 상업 및 교통업으로 5% 이하였으며, 잡역에 2~4%, 공무자유업이나 공업에 1% 정도가 참여했다. 특히 신여성의 다수가 교육, 의료, 언론, 예술 등의 지적 활동과 정신노동이 요구되는 공무자유업에 종사했음에 주목할 만하다.

선호하는 교사직

취업 환경이 열악한 가운데 근대교육을 받은 여성들이 가장 크게 활동한 무대는 교육계였다. 지금과 마찬가지로 당시에도 교사직에 대한 여성들의 호감도가 매우 높았는데, 무엇보다 교사로서의 객관적인 자격의 획득은 여성들로 하여금 교직에 관심을 갖도록 했다. 여성들이 참여하는 다른 직업에 비해 경제적, 신분적으로 대우가 좋았음을 뜻한다. 더구나 교직은 가정에서 자녀를 책임지는 어머니의 역할과 비슷하여 여자 직업으로 적합하다고 하는 사회적 인식의 확산이 여성들의 교사직 선호에 크게 영향을 미쳤다.

실제적으로 신교육을 받은 평민층 여성들은 해외 유학의 경험이 많았는데 이 유학생들의 반 이상이 나중에 교육계에서 활약했으며, 여성교육에 대한 필요성이 강조되면서 여성의 취학률이 일정하게 증가한 데서 여성들의 선호도가 높았음을 알 수 있다. 이같이 남자들과의 월급 차이도 크지 않으며 인격적으로도 거의 차별을 받지 않을 만큼 교직은 남성과 동등한 대접을 받을 수 있었던 가장 안정적이고 촉망받는 분야였으므로 여성들의 교사직 선택을 더욱 활발하게 이끌 수 있었다.

제도적으로는 1915년에 비로소 경성여자고등보통학교에 1년 과정의 사범과가 설치되어 여성에게 교원 자격을 획득할 수 있는 기회가 주어졌다. 그 후 사범학교를 확충하거나 속성 교원양성제도를 실시하는 등 교원 부족 문제를 해결해나갔다. 1921년 경성여자고등보통학교와 진명여학교 졸업생들은 교직을 가장 좋아한 것으로 나타났고, 1914년부터 1937년 사이 이화여자전문학교와 이화보육학교 졸업생 289명 중 무려

3분의 1이 교직을 선택하는 놀라운 결과를 보였다.

다만 1930년대 중반까지 중등 이상 학교로의 취업은 거의 불가능하였다. 다행히 1910년 이화학당에 대학과가 신설된 이래로 대학교의 수가 점차 증가하였고, 고등교육을 받은 여성들이 대거 교육계에 진출하면서 획기적으로 사회 변화를 이끌었다. 1922년 조선총독부에서 내린 교육방침도 여성들의 교사직 진출을 확대하는 계기로 만들었다. 총독부가 교육방침을 개선하여 여자가 남자보다 아동의 심리 상태를 더 잘 이해한다는 이유로 남자보통학교에서도 여성 교원을 채용할 수 있도록 허용했기 때문이다.

당시 대표적인 여성 교육자로는 1946년 이화여자대학이 종합대학교로 승격된 후 초대 총장을 지낸 김활란(1899~1970)을 들 수 있다. 그녀는 여성 최초로 대학 졸업자가 되고, 바로 이화학당 고등보통과 교사가 되었다가 가정과 직장을 병행하기에는 무리라고 독신을 고수하면서 미국 컬럼비아대학교에서 우리나라 여성 최초로 박사학위를 받았다. 한편 미국 유학을 마치고 귀국하여 배화여학교의 교사가 된 뒤 야학강습소 등을 운영하며 여성 계몽을 하였고 현 덕성여자대학교의 전신인 근화여학교를 설립하고 교장을 역임한 차미리사 등이 있다. 그 밖에 한국 최초의 여교사라는 이경숙(1851~1930)을 비롯하여 김은경, 박영애, 손정규, 이보경, 최활란 등 많은 여성들이 교사로 활동하였다.

특히 박화성(1903~1988)은 숙명여자고등보통학교를 마치고 천안의 공립보통학교에 교원으로 부임하여 겪은 경험담을 자서전[8]에 실었다. 여성작가로서 교사 생활을 글로 남긴 경우는 드물 만큼 당시 여교사에 대한 특별한 시선을 잘 전하고 있다. 교실 밖에 모여서서 동네 부인들이 "글쎄 저 맨땅을 파서 꽃밭 맨들어논 것을 봐유. 벼라별 꽃이 다 피었지 않어유."라고 하는 대목에서 어린 나이에 아이들을 번듯하게 잘 가르치는 여교사의 존경받는 모습이 아른거린다.

선망하는 의료계

지금과 크게 다르지 않게 여성의 전문 직업 가운데 주목을 받았던 것으로 의료계를 들 수 있다. 1890년 미국인 선교사 로제타 셔우드 홀(R. S. Hall, 1865~1951) 부인이 이화학당 졸업생들에게 의학을 가르치면서 한국 사회에 근대 의학 교육의 시작을 알렸다. 그 이후 1900년 볼티모어여자의과대학(현 존스홉킨스대학)을 졸업한 박에스더(1877~1910)는 최초의 한국 여의사가 되었다. 한국 최초의 여성병원이라 할 수 있는 이화

---

8   박화성, 「애기 선생님」, 『눈보라의 운하』, 여원사, 1964.

학당의 구내병원인 보구여관(현 이화여대 부속병원)의 의사였던 홀 부인의 영어 통역을 도왔던 박에스더는 홀 부인을 따라 미국으로 건너가 대학에서 의학과 천문학을 전공하고 귀국하여 보구여관에서 의사로 활동했던 것이다.

1928년에는 로제타 셔우드 홀에 의해 여성 의료인 양성 학교인 경성여자의학강습소가 설립됨으로서 최초로 여성을 위한 의학 교육이 체계적으로 실시되었다. 1931년 기사에 따르면 여의사 이영실은 여성들의 여성에 대한 부정적이고 차별적인 인식이 의사의 역할을 수행하는 데 어려움을 준다[9]고 털어놓기도 했다. 이광수의 부인 허영숙은 1918년 조선총독부에서 실시하는 의사시험에 최초로 합격한 여성이자 최초의 여성 개업의로서 1920년 서대문에 '영혜의원'이라는 이름으로 문을 열었다. 시간이 지나며 여의사는 점차 증가되었는데, 이영실, 허영숙을 비롯하여 현덕신, 정자영, 류영준, 한창재, 김명석 등은 1923년 동경여자의학전문학교를 함께 졸업하고 크게 활동한 대표적인 여의사들이다.

여의사들은 대체로 산부인과와 소아과의 의료를 담당했는데, 이는 출산과 육아를 책임지던 전통여성의 역할이 새로운 시대의 전문 분야에서도 그대로 적용되고 있음을 보여준다.

9   『매일신보』, 1931. 11. 15.

근대 시기 상품적 가치를 높이려는 자유연애와 결혼의 가장 전형적인 모습은 풍족한 생활이 보장되는 의사 같은 상대를 만나는 것이었다. 실제로 의사가 아니면 시집을 안 간다는 여성들도 많았다.

여성들이 많이 참여한 또 하나의 의료직으로 간호원을 들수 있는데, 1903년 보구여관에 우리나라 최초의 간호학교가 설립되었고 6년 과정의 교육을 통해 본격적으로 간호원이 양성되기 시작하였다. 이후 전문교육을 통해 지속적으로 간호원이 배출되었다. 1910년대 수십 명에 불과하던 간호원 수는 해방 무렵에는 수천 명으로 늘어났다. 생계를 꾸려가기 위해 공부를 하고 기술을 익히는 경우가 많듯이 정종명(1896~?)은 간호원 자격을 획득하기 위해 공부를 한 고학생으로 유명하다. 다만 간호원은 현대와 다름없이 직업상 과중한 업무에 시달려야 했고, 미혼의 간호원을 보러 병원에 간다고 할 정도로 성적 차별을 가장 많이 받았다. 그 밖에 간호원보다는 조금 자유로운 의료직 여성으로 조산원 또는 산파가 있었다. 서민 계층에서는 병원에 가기보다 편리하게 접근할 수 있는 이들을 더 선호하였다.

각광 받는 기자직

1920년대에 들어서면서 새로운 직업으로 신문, 잡지 등 언론계에서 기자로 활동하는 여성들이 각광을 받게 되었다. 전문 기자들은 해외 유학의 경험을 통해 안목을 넓히고 진보적인 사고를 지녔던 사람들이 많았다. 혁신적 인물이었던 김일엽은 1920년 우리나라 최초의 여성잡지 『신여자』를 창간하여 여성으로서 처음 주간(主幹)을 지낸 이른바 최초의 저널리스트로 볼 수 있다. 그 밖에도 한국 최초의 여기자이자 부인기자라 할 수 있는 『매일신보』(현, 서울신문)의 이각경(1897~?), 한국 최초의 민간지 여기자였던 『조선일보』의 최은희(1904~1984), 1925년 시험에 합격해 기자로서 여러 신문에 칼럼을 썼고 첫 시집 『생명의 과실』을 냈던 『매일신보』의 김명순 등으로 대표되는 기자직은 여성들이 선망하는 새로운 전문직의 하나였다. 1920년 매일신보사에서 "시대의 요구에 응하야 이에 부인기자를 채용한다."고 공고한 것처럼 여기자의 자격을 기혼 여성으로 제한하고 있음은 오늘날과 전혀 다른 것이었다.

조선일보사에서는 최은희 기자의 공적을 기려 1984년부터 해마다 우수 여기자에게 '최은희 여기자상'을 수여하고 있는데, 이 최은희 기자도 『조선일보』가 혁신을 내세우며 부인기자를 등용하고자 했을 때 발탁된 경우이다.

기자 가운데서 직업 활동과 사회운동, 그리고 가정 경영까지 병행한 '슈퍼우먼'으로 불린 허정숙은 동아일보사 최초의 여기자로 활동했다. 물론 기자직은 여성들의 부러움을 사는 매력적인 직업의 하나에 속했지만 송계월(1911~1933)처럼 처녀의 몸으로 아들을 낳았다는 뜬소문에 시달리다 죽음을 선택한 경우도 있다.[10]

송계월은 학창시절부터 마르크스주의자들과 교감했으며 한때는 정자옥 백화점에 데파트걸로 취직했다가 개벽사 기자 생활을 했다. 그녀는 미모 때문에 온갖 풍문으로 괴로워하다가 신경쇠약에 걸리고 폐결핵이 악화되어 죽고 말았다. 함량이 미달될 때는 '화초기자'라는 모욕적인 소리도 들어야 할 만큼 기자직에는 불안과 긴장이 따르기도 했다. 위에 언급되지 않은 대표적인 여성기자로는 김경숙, 박경식, 이현경, 최의순, 윤성상 등을 들 수 있다.

비행사의 출현

여성이 새롭게 진출하게 된 또 하나의 전문직으로 비행사

10 『신여성』, 1933. 7.

가 있다. 비행사의 직업은 오늘날에도 여성이 거의 없는 분야로 당시에 여류 비행사의 출현은 대단히 충격적인 일이었다. 해방 직후까지 약 30명의 항공사가 배출되었는데, 이 중 여자는 3명에 불과하여 우리나라 최초의 여성 비행사라는 군인 권기옥을 비롯하여 민간인 박경원, 이정희 등이었다.

3·1만세운동 때 적극적으로 참여하다 6개월간 투옥되기도 했던 권기옥(1901~1988)은 형기를 마치고 출감한 이후 상하이로 망명하여 항저우(杭州)의 홍다오(弘道)여자중학교를 졸업하고 꿈을 실현하기 위해 윈난(雲南)의 육군항공학교에 진학하였다. 1기 졸업생으로서 결혼 후에도 비행 경력을 쌓으며 중국 공군에서 맹활약하다 해방 이후 귀국하였다.

박경원(1901~1933)은 자신의 의지대로 1925년 다치가와(立川) 비행학교에 입학하여 3년간의 비행 과정을 수석으로 마쳤다. 일본에서 한국 여성으로는 최초로 민간 비행사 자격을 획득하고 1933년 고국 비행의 꿈을 이루기 위해 도쿄 하네다(羽田) 공항을 이륙한 지 50분 만에 시계 불량으로 산중에 추락, 순직하는 비운을 맞았다. 자신의 꿈을 좇아 하늘을 날았던 여류 비행사 박경원의 삶을 조명하는 영화 〈청연(靑燕, 푸른 제비)〉(윤종찬 감독, 2005)이 만들어지기도 했다.

다치가와 비행학교를 박경원보다 1년 늦게 졸업한 이정희(1910~?)는 공군대위로 활약하던 중 6·25 때 납북되었다. 그

밖에 김경오(1934~)는 이정희 다음의 여류 비행사로서 유일하게 오랫동안 화려하게 활동한 여성이라 할 수 있다.

다양한 예술가 활동

음악가로 활동한 여성들도 많았다. 대표적인 음악가로는 윤심덕과 윤성덕 자매를 비롯하여 김애식, 임배세, 김원복, 김자경 등이 있었다. 최초의 여류 소프라노 성악가였던 윤심덕은 1897년 평양에서 태어나 경성여자고등보통학교를 졸업하고 최초의 여성 국비유학생으로 선발되어 도쿄 우에노(上野) 음악학교에서 성악을 전공하고 귀국했다. 그 후 경성사범부속학교 음악교사로 있으면서 경성방송국에서 최초의 대중가수로 활동하며 이름을 날렸다. 특히 윤심덕이 대마도 인근에서 김우진과 투신 자살한 사건은 한동안 조선을 떠들썩하게 했다. 이후 이오시프 이바노비치(Iosif Ivanovici, 1845~1902)의 〈다뉴브강의 잔물결〉이라는 왈츠 곡에 윤심덕이 작사하고 노래했던 〈사의 찬미〉는 그녀의 극적인 죽음으로 인해 당시 천문학적 숫자인 10만 장이라는 최다 레코드 판매량을 기록하였다. 윤심덕의 동생 윤성덕(1903~1968)은 이화학당을 졸업하고 미국에서 성악을 전공한 후 귀국하여 이화여자전문학교 교수로 활동하였다.

서양음악가 추애경(1900~1973)은 영남 지역 최초의 여성 성악가다. 대구 신명여학교를 졸업하고 상경하여 이화학당에서 성악을 전공한 추애경은 다시 내려가 모교에서 교편을 잡으면서 음악 활동을 했다. 이후 일본과 미국에 유학해 피아노와 성악을 전공했다. 당시 시대 상황으로 인해 귀국하지 못했지만, 제1세대 서양음악가로서 활발히 활동을 하며 후배 여성들이 음악가로서의 길을 걸을 수 있도록 초석을 놓았다.

무용가로는 최승희(1911~1969)를 비롯하여 김경자, 김소군, 박외선, 배귀자 등이 있었다. 오늘날 친일과 월북이라는 경력으로 잊혀진 최승희의 당시 명성은 놀라울 정도였다. 다양한 상품 광고모델이나 패션모델로 등장하고 집집마다 그녀의 포스터를 붙이는 것이 유행이었으며 세계 언론에서는 "그녀는 완벽한 예술가다." 등등 지속적으로 극찬을 쏟아냈다. 그녀는 숙명여학교를 졸업하고 문화계 유명 인사였던 오빠 최승일(1901~1966?)의 도움으로 일본 유학을 떠났다. 유명한 현대무용가 이시이 바쿠(石井漠, 1887~1962)의 제자가 되었고, 다시 한국 전통무용의 대가 한성준(1875~1941)의 교습을 받으면서 최승희의 무용세계는 빛을 발하기 시작했다. 서양무용을 전공한 그녀는 전통무용과 현대무용의 조화, 한국무용과 서양무용의 융합을 통해 한국무용의 독창성을 드높였다. 우리나라 역사에 공연예술가로서 세계인들이 인정해준 사람은 최승희밖에 없다[11]고 한다.

한편 배귀자(1907~?)는 전통무용을 현대 감각으로 재구성한 〈아리랑〉을 발표하여 한국 무용사에 처음으로 창작무용을 선보였다는 평가를 받았다. 1924년 미국으로 건너가 안나 파블로바(Anna Pavlova, 1881~1931)에게 사사받고 1926년 귀국하여 '배귀자 무용연구소'를 차렸는데 배귀자 연구소의 무용발표회는 근대 무용발표회의 효시가 되기도 했다. 1934년 동양극장을 신축하여 운영했으며 청춘좌, 호화선 등의 극단에서 연예 활동을 계속하였다.

여성 화가는 많지 않은 편이다. 대표적인 화가로는 최초의 여성 서양화가인 나혜석을 들 수 있다. 나혜석은 도쿄여자미술학교에서 서양화를 공부하고 돌아와 미술 교사로 활동했으며, 직업 화가로서의 그녀의 본격적인 활동은 1921년 경성일보사 건물 안의 내청각에서 한국 여성화가로서 최초의 개인전을 가졌던 데서부터 시작된다. 끊임없이 조선미술전람회에 출품하는 열정과 함께 수차례 수상하는 등 1920~30년대 크게 활동하였다. 무엇보다 나혜석은 1920년대 인상주의 화풍을 가장 본격적으로 전개한 작가로 평가된다.

백남순(1904~1994)은 도쿄의 여자미술학교에 입학하며 나

---

11   정병호, 『춤추는 최승희』, 현대미학사, 2004, 422쪽.

혜석의 후배가 되었으나 그녀는 일본 유학을 중퇴하고 파리로 건너가 미술 공부를 하였다. 파리에서 만나 결혼한 남편과 함께 귀국하여 한국 최초의 부부 양화가 귀국 작품전을 가졌다. 6·25전쟁으로 남편이 생사 불명이 되면서 백남순은 미국으로 이주한 뒤 노경에 다시 화필을 잡기 시작하여 독실한 신앙심을 담은 〈한 알의 밀알〉, 〈영광〉 등의 작품을 남기고 세상을 떠났다.

또한 동양채색화의 선구라는 여류화가 정찬영(1906~1988)을 간과할 수 없다. 1930년대 채색화가로 독보적이었던 정찬영은 조선미술전람회에서 여러 차례 입선하였고 1935년에는 〈소녀〉라는 작품으로 조선미술전람회 최고상인 창덕궁상을 수상하였다.

여성작가의 출현과 활동도 예사롭지 않다. 제1세대 작가인 김명순, 나혜석, 김일엽과 함께 제2세대 작가군인 박화성, 강경애, 백신애 등을 들 수 있다. 앞서 나왔듯이 박화성은 여성작가로서는 드물게 교사 시절의 경험을 문제 삼았다. 15세에 천안의 공립보통학교에 부임했다가 아산보통학교로 전근했으며, 오빠 학비를 대기 위해 18세에 사립영광중학교의 교사로 옮기고 그곳에서 작가로 등단했던 것들이 작품의 주요 소재가 되었을 것이다. 강경애는 인간사회의 계급 차이를 날카롭게 의식하며 하층계급 여성들을 대변했다. 『동아일보』에

「인간문제」(1934)를 연재하고 받은 원고료를 놓고 옷을 사고 싶다는 아내와 동지를 돕는 데 쓰자는 남편과 벌인 부부싸움을 소재로 한 자전적 소설 「원고료 이백 원」(1935)은 신여성의 계급적 갈등을 문제 삼고 있다. 한편 백신애(1908~1939)는 보통학교 교사를 하다가 여성운동을 한 경력이 탄로나 학교에서 쫓겨났는데 1928년 고향 경북 영천으로 돌아와서도 계속 여성운동을 하면서 문학 수업을 했다. 다음해 조선일보사가 주최한 첫 신춘문예에 「나의 어머니」가 당선되었다. 이로써 백신애는 우리나라 최초의 여성 신춘문예 작가가 되었다.

제3세대로 불리는 작가로는 김말봉(1901~1962), 최정희(1906~1990), 임순득(1912~?) 등이 있는데, 이들은 식민지 사회에서 여성으로 살아간다는 것이 무엇인지를 다양한 시각에서 탐색하였다. 뒤에서 자세히 말하겠지만 특히 임순득은 서구적인 신여성이 아닌 자율적 주체로서의 민족적인 신여성을 그려내고자 했다. 그녀는 소설[12]을 통해 시골에서 교사를 하는 친구로부터 '조선적인 것'을 발견하게 된다.

가수나 배우를 지망하는 신여성들이 대거 등장하였다. 대중예술의 미학적 통속성을 담보한 유행가는 신여성의 갈증과 욕망을 해소해주는 현실적인 효과를 발휘하고 있었다. 또

---

12 「작은 페스탈로치」, 『매일신보』, 1939. 11. 5.

한 "미래의 스타를 꿈꾸며 촬영소 문 앞에 배회하는 젊은 여자들이 하루에도 십여 인씩은 있었다."[13] 가수나 배우가 되겠다는 여성들에 대한 남성들의 의구심과 위험한 담론과 달리 분명 가수나 배우는 새로 부각되는 근대적 직업이었다. 가수나 배우처럼 대중의 스타가 되고 싶어 하는 것은 근대가 기여한 새로운 유형의 욕망이었다.

근대 시기 여성들은 사회 경제적 활동에 참여하면서 '그래도 여자는 여자다'라는 현실적 압박을 받아야 했다. 그럼에도 불구하고 근대적 의식과 인간적 욕망에 눈뜬 신여성들은 혁신적으로 행동했다. 그녀들에게는 개인을 발견하고 이상을 실현해야 한다는 절박함이 있었다. '여자도 인간'이라 자각한 신여성들에게 직업은 경제적 능력을 갖게 하는 길이요 사회적 지위를 과시하며 자아실현을 가능하게 하는 통로였다.

13 『신여성』, 1932. 8.

8
서비스직 및 생산직에 진출하다

　이제 막 여학교를 졸업하고 백화점에 입사한 최기영은 "우리 여성의 해방의 길은 오직 경제적 독립에 있다. 먼저 남자에게 빌붙는 성질을 없이 하라고 외치고 싶습니다."[1]라고 사회에 첫발을 내디디며 가슴 벅찬 포부를 밝힌 바 있다.

　신여성은 전 세계적으로 1914년에 발발한 제1차 세계대전과 1917년에 일어난 러시아혁명 전후의 역사적 산물이라고 한다. 전쟁에 나간 남편이나 아버지의 자리를 대체한 여성들은 사회 활동에 동참하고 산업 일꾼이 되어야 했다. 조선의 개항 이후 격동의 상황과 일제의 식민지 지배 등은 우리 사회

1　최기영, 「신여성의 신년 신신호 ; 여성해방은 경제로부터」, 『동광』, 1932. 1.

구성원 모두에게 가혹한 시련을 안겨주었다. 남성들의 공적 활동 영역은 제한되고 그만큼 여성의 책무는 늘어갔다.

하지만 여성들의 직업 선택의 폭이 그다지 넓지 못하여 1~2차 산업에 종사하는 여성들은 감소하는 데 비해 기생과 카페 여급 등의 유흥업소 및 접객업에 종사하는 여성들은 현저하게 증가할 만큼 취업 구조가 허약했다. 당시에 일하던 이들 대부분은 교육의 혜택을 크게 받지 못한 하층계급의 여성들로서 농사를 빼면 서비스직이나 생산직 등에 종사했다. 근대적 자아 형성과 사회 발전에 고도의 지적 성취를 보여주었던 신여성들의 존재도 소중하다. 하지만 대중문화의 확산과 생산 활동의 주체로서 육체노동의 영역에서 책임을 다하고자 했던 여성 서비스업 종사자, 자영업자, 공장 노동자들의 역사적 의의는 소홀히 여길 수 없다.

근대 이후 대다수의 여성들은 "잘 먹고 잘 입기는 마누라 덕"이라 할 정도로 경제활동을 통해 실질적인 가족 부양자로서의 의무를 다하고자 하였다. 그러나 사회는 여성의 사회 경제적 활동을 중시하면서도 가정을 소홀히 하는 것을 비판하는 모순적인 입장을 취했다. 여성들은 아직 가정을 여성의 고유한 영역으로 제한하려는 성차별적 사회 인식에 부딪쳐야 했다.

농촌을 지킴

식민 통치하의 조선 사회는 절대 빈곤을 벗어나기 위해 온 가족이 일하지 않으면 안 되었다. 1925년 『신여성』 1월호에서 발행인의 한 사람이었던 이성환(1900~ ?)이 신여성은 도시 문화와 물질문명에 대한 동경심을 버리고 농촌 여성의 보호에 관심을 갖길 촉구한 것도 당연한 일이다.

농촌은 근대화의 외곽이었다고 할 수 있다. 1930년대 한국에서 극소수의 신여성을 제외한 대부분의 여성들은 변화와 혁신으로 상징되는 근대적 세례와 거리를 둔 채 주로 농촌에서 전통적 생활양식을 고수하며 집안의 가사노동에 종사하였다. 당시 조선총독부 통계연보에 따르면 여성 인구 약 970만 명 가운데 약 4%가 도시로 이동하여 노동자로 일했다고 한다. 농촌은 자본주의의 혜택을 직접 받지 못하고 소외되었으며 인구 또는 여성의 절대 다수가 이 농촌에 살고 있었다.

개화의 시기를 맞아서도 근대적 변화의 물결이 당시 농촌과 농촌 여성들의 생활에는 영향을 미치지 못했다. 식민지 시대로 들어서면서 여성의 각성이 이루어지고 여성의 활동이 증대되었음에도 불구하고 아직 사회적 관심이 농촌 여성의 삶으로까지는 확산되지 못했다. 도시는 근대화의 표상처럼 새로운 삶의 가능성을 제공하면서도 억압과 타락의 공간이 되었다면 농촌은 서구적 근대화의 변두리에 처해 있었다.

식민지 조선에서 대대적으로 도시를 향해 농촌을 떠나는 현상을 맞게 되었을 때, 이농이 하층 농가의 어린 여성들 중심으로 일어남에 따라 농촌 노동 여성 인구가 전반적으로 감소하는 한편 농촌은 기혼 여성들이 주류를 형성했다. 이들은 대규모 공동경작에 동원되며 생산성 증대와 생활 개선을 위해 각종 강습이나 교육을 받기도 했다. 준전시 체제로 들어서는 1930년대 중반 이후에는 여성들의 노동이 더 강화되었다.

1930년대 언론에서 농촌 여성이 소보다도 쓸모 있을 정도로 힘세고 끈기 있다고 일컬었던 데서 농촌 여성들의 고달픈 생활을 짐작할 수 있다. 빈곤한 가정일수록 여성들의 활동은 더 분주하고 힘들었는데, 당시 토지를 지주로부터 빌려서 경작하는 소작농이 약 80%였다. 여성들은 육아, 빨래, 음식 장만 등 온갖 집안일에서부터 밭일이나 논일 등의 농업, 양잠이나 직조 등의 가내수공업 등 날마다 허리가 끊어지도록 손발을 놀려 일해야 했다. 또 일제는 경제 침탈을 은폐하기 위해 농가의 자립 경제, 생활 향상을 내세우며 여성의 노동을 독려해나갔다.

계속되는 산업화의 진전으로 이농 현상이 현저해지면서 농촌 여성의 노동량은 더욱 증폭되었다. 게다가 일본인들의 대지주화에 따라 1910~1942년 연평균 약 25만 호의 농가가 이

농하여 20만 호가 순소작농으로 전락하고 나머지는 자소작농 또는 전업을 했다.[2] 일제 말기 농가 총 310만 호 중 40%를 차지하는 140만여 호가 소위 춘궁기에 이르면 보릿고개를 넘지 못하고 초근목피로 목숨을 유지해야만 하는 가련한 처지였다.[3] 이러한 피폐한 환경에서도 많은 농촌 여성들은 자신들의 생활 터전을 지키며 가족과 사회를 윤택하게 하는 초석이 되어 왔다. 미미하나마 농촌 여성들은 주체적인 삶을 견지하고자 하며 자신들의 권익을 위해 투쟁하면서 꿋꿋하게 자신들이 맡은 일을 수행하였다. 그리하여 역사의 부침 속에서도 농촌 여성들은 사회 발전에 일정한 역할을 할 수 있었다.

서비스직에 진출

근대적 도시와 상업의 발달에 따라 여성이 진출할 수 있는 취업 영역이 점차 확대되었다. 당시 서비스직은 여성들의 관심을 끄는 새로운 부문으로서 여성 취업의 대표적인 직종이 되었다. 전문직 여성들과는 노동에 대한 보수나 노동의 성격

---

2   김영모, 『일제하 사회계층의 형성과 노동에 관한 연구』, 민중서관, 1971, 90~91쪽.

3   김영심, 「이고 지고 들고, 소보다 쓸모있는 농촌 여성」, 『우리나라 여성들은 어떻게 살았을까 2』, 청년사, 1999, 32쪽.

에서 큰 차이를 보이긴 하나 서비스직에 종사하는 여성들도 대부분이 여학교를 졸업하고 일정한 시험을 통해 뽑힌 자격자들이었다고 할 수 있다. 다만 이 분야는 활발한 수요와 활동에 비해 비교적 사회적 대우와 인식이 떨어지는 편이었는데, 이는 취업하고자 하는 여성들의 욕구에 비해 취업의 기회가 매우 제한되어 있음을 말해준다.

여성 서비스직에 전화교환원, 백화점 점원, 버스 안내원, 극장 접수원, 미용사 등의 등장에 주목할 수 있다. 1920년부터 경성우편국에서는 일어가 능숙한 전화교환원을 채용했는데 감독의 꾸지람과 감시, 이용자들의 야유와 욕설은 물론 과도한 근무 시간과 낮은 급료 등에 시달려야 했다. 도시의 표상이라는 백화점은 감각적인 체험과 욕망의 상업화가 연결되는 새로운 종류의 취업 공간이었다. 사람의 이목을 유혹하는 백화점 점원이 겪는 일화는 곧 여성의 타락으로 읽히는데, 화려한 소비 공간은 여성의 허영을 조장하기에 충분했기 때문이다. 버스 차장이라고도 불렸던 버스 안내원의 경우 하루에도 수백 명의 승객들과 부대껴야 했고 자신을 희롱하거나 함부로 대하는 남성들로 인해 괴로워했다. 지금과 달리 미용사의 경우 여성들의 몫이었는데 당시 미용실을 이용하는 사람들은 대체로 여유 있는 가정부인을 비롯하여 교사, 기생 등 특수한 계층이었던 만큼 미용사들의 수입은 비교적 높았다.

도시의 각종 서비스업에 종사하는 하위계층의 여성들은 대중문화를 창출하고 확산시키는 데 큰 역할을 했다. 감각적이며 사치스러운 문화적 흐름을 촉진시켰다는 부정적 평가에도 불구하고 그녀들은 새로운 도시적 삶의 형태를 개척하고 다양한 도시문화를 주도하는 데 일정하게 기여하였다. 그녀들은 과도한 노동 시간과 저임금에 혹사당하면서도 인재를 끌어들이고 일자리를 연결하는 도시를 역동적으로 만드는 데 일조한 대규모 서비스 계층이다.

친절 또는 외모 등을 중시하는 서비스직 여성 취업 인구는 대부분 미혼 여성이었고 도시 지역에 집중되어 있었다. 농촌을 떠나 공장에 들어가는 것을 제외하면 권번, 요릿집, 카페 같은 유흥업소에서 일을 해야 한다고도 했다. 도시의 서비스업에 속한 직종들이 부각되고 그중에서 기생 출신이 가장 많았다는 것은 바로 기존의 지배층 중심의 문화에서 대중문화가 생성 증폭되는 과정에서 기생의 역할이 그만큼 커졌다는 것을 말해준다.[4]

취업하기 힘든 상황에서 신여성 가운데 상당수는 단지 먹을 것을 해결하기 위해 몸을 파는 유녀의 길을 선택하기도 했다. "생선 장사가 날마다 골목골목으로 생선 이름을 외치며

4   김진송, 『서울에 딴스홀을 허하라』, 현실문화연구, 2002, 220쪽.

다녀야 목구멍에 거미줄을 치지 않는 것과 같이 이 거리가 낳은 이 여자는 거리로 나와야만 되는 것이다."[5] 식민지 시대 여학교를 나온 인텔리 여성들도 가난 때문에 유녀로 내몰리는 슬픔을 겪어야 했다.

한편으로 신분제가 해체된 근대 시기에 이르러서 '식모'라는 직업이 도시 하층 여성 노동의 한 영역을 차지하게 되었다. 주인집과의 위계적 차이로 인해 전근대 사회의 하녀 즉 여종과 같은 대우를 받으면서도 식모들은 노동에 상응하는 대가를 받는 근대적 임금 노동자의 면모를 띠었다.

이상에서 살펴본 바와 같이 근대 이후 여성의 교육 기회의 확대와 산업화의 증진에 따라 여성들의 사회 진출이 점차 활기를 띠기 시작했다. 그러나 여성들의 직업 선택의 폭은 그다지 넓지는 못했고 여성들의 능력에 비해 남성들과의 차별을 극복하기 힘들었다.

자영업을 선택

상점 경영이나 식당 운영 등의 자영업을 선택한 여성들이 남성의 도움 없이 스스로 개업을 했다는 점에서 주체적인 경

---

5   『조선일보』, 1934. 11. 9.

제활동의 사례로 인정받을 수 있었다. 근대 자본주의화에 따라 농업에 집중되어 있던 여성 노동이 공업, 상업 등 타 분야로 전이 확산되어가는 가운데 공업보다도 상업 쪽에서 차지하는 비중이 더 클 정도로 자영업에 종사하는 여성 인구는 도시문화의 새로운 세력이 될 수 있었다. 자영업을 선택한 여성들은 독자적으로 영업 방식을 익히고 유통 과정을 파악하여 자기 점포를 열었다. 여성들은 자유로운 환경 속에서 노력과 수완에 따라 경제적인 부를 쌓아갈 수 있었다.

19세기 말부터 여성의 자영업 진출이 새로운 형태로 등장하기 시작했다. 서울 중구 다동에 사는 조문천의 아내가 외국의 물품을 구입하여 장사한다[6]고 언론은 보도했으며, 양장을 한 여인 경옥당이 경북 안동에서 서울 정동 한창호의 집으로 이사해 외국의 각종 물건과 동서양의 여러 좋은 술을 판다[7]고 전하였다. 이같이 여성들이 외국 교역 물품을 취급하는 상점을 경영한 것은 당시 문물에 대한 개방적인 인식과 세계적인 안목을 가진 여성의 경제활동으로 인식되었다.[8] 순성여학교의 유일한 전임교원이었던 귀화 한국계 러시아인 고정길당

<hr />

6 『대한매일신보』, 1899. 1. 9.
7 『대한매일신보』, 1899. 2. 15.
8 박용옥, 『한국 여성 근대화의 역사적 맥락』, 지식산업사, 2001, 382쪽.

은 학교가 경영난에 빠지자 서울 무교동에 양요릿집 즉 청루를 차리고 장사를 했다.[9]

이준 열사의 후처인 이일정(1876~1935)은 1907년 서울 안현동(현 안국동)에 우리나라에서 부인상점을 처음으로 열어 구국적 경제활동을 전개해나갔다[10]고 한다. 이 무렵 다방도 생겨 여성들이 차를 팔기도 했다. 1908년 서울에 부인양복점을 낸 한 여성은 한 일간신문에 광고를 내 남녀 양복 제조의 당찬 꿈을 드러내기도 했다. "본인이 비록 여자이오나 재봉을 졸업하여 남녀 양복을 제조하여 공급하니 찾아주시길 바람"이라는 광고가 나간 이후 전국에서 손님들이 몰려들면서 점포가 확장되었다.[11] 많은 자본이나 특별한 기술이 없는 경우 노점상이나 행상으로 활동하는 여성들도 있었다.

1909년에 여성의 경제사상의 고취 및 경제활동의 장려를 목적으로 여자교육회 총재 이옥경 등의 부녀자들이 부인경제회를 조직하였다. 이 밖에도 1909년 서울에 사는 부인들이 모여 술을 빚는 양조장과 바느질하는 봉제공장 등을 설립했고, 1910년 대구의 애국부인회에서는 섬유직조회사를 설립

---

9   『황성신문』, 1899. 9. 18.

10   『제국신문』, 1907. 1. 16.

11   김혜수, 「시장에 가면 전부 여인들뿐이다」, 『우리나라 여성들은 어떻게 살았을까2』, 청년사, 1999, 43쪽.

열정에서 소외까지, 신여성

하였다. 이와 같이 여성들은 경제적 자립을 목표로 독자적으로 경제적 활동을 시작하였다. 경제적 자립이 남성에게 의존하지 않고 여성이 독립할 수 있는 최선의 길이었다.

여공의 고된 생활

급한 불부터 꺼야 하는 게 현실이다. 교육 수준이 낮고 경제 사정이 좋지 못한 대부분의 여성들은 품위 있는 삶을 목표로 한 경제적 독립을 위해서라기보다 당장 가족의 생계를 짊어져야 하는 다급함 때문에 공장을 찾아갔다. 1920~30년대 많은 여성들이 공장에 들어가게 된 것은 취약한 경제 구도 속에서 만성적 부채와 빈곤한 생활에 시달려야 했던 농촌으로부터의 탈출 때문이었다고 볼 수 있다. 특히 1930년대 농촌에서 서울로 일자리를 얻기 위해 올라온 여성들의 상당수는 공장에 취업을 했다.

일자리를 찾아 시골을 떠나온 여성들은 대도시 공장에서 25~30원 상당의 거금을 벌어 가난한 집안을 돕고 시집갈 자금을 모아 고향으로 돌아가는 꿈과 희망에 부풀었다. 이들의 생각은 그뿐만이 아니었다. 시골 소녀들에게는 도시에 대한 동경이 있었고 교육을 통한 계층적 상승의 욕구도 있었다. 각종 매체에서 근대적 설비를 갖춘 공장을 일종의 근대적 학교로 비유하고 흰색 제복을 입은 여성 노동자를 재기발랄한 여학생으로 묘사했던 것도 허구가 아니다. 나아가 이들에게는 봉건적 억압으로부터 탈출하고 싶은 근대적 욕망이 마음 속 깊이 도사리고 있었다.

그러나 식민 지배하의 조선인으로서의 고통과 함께 여성 노동자들의 경우는 남성과 다른 차별 임금에 혹사당했다. 게다가 노동 환경이 좋지 않아 건강에 위협이 되고 장기간 근무할 경우 질병을 얻어 죽음에 이르기도 했다. 그밖에도 이 여성들은 불편한 환경의 기숙사 생활, 형편없는 수준의 식사, 하루 14~15시간의 과노동, 불량품에 대한 배상제도, 지각이나 결근에 따른 벌금제 등 온갖 저급한 노동 조건 속에서 생활해야 했다. 심지어 일본인 감독으로부터 당하는 심한 욕설과 구타, 성폭행 등 비인간적 처사에 신음해야 했다. 위에서 언급했듯이 당시 여성들의 노동은 자신의 경제적 · 사회적 이익보다 식민지 지배와 가부장제 유지에 이용되기 십상이었다.

사회적 변화 속에서 여성 노동자들은 공장 노동의 경험을 통해 인간을 속박하고 억압하는 근로 환경에 대한 비판 의식을 갖게 되었다. 그리고 이들은 1920년대부터 부정적 노동 현실을 개선하기 위한 주체적인 자각에서 파업이나 태업 같은 행동을 불사하게 되었다. 1923년 경성 고무공장 여성들의 파업을 시작으로 여성 노동자들은 파업의 현장을 지키면서 전체 노동운동의 지평을 확장해나갈 수 있었다. 자본가들에 맞서 여성 노동자들은 열악한 작업 환경, 불합리한 임금, 성적 차별 등 비인간적 처우에 저항하였다. 1923년 이후에는 공장 내 여성 노동조합의 결성과 함께 여성 노동자 파업 관련 기사들이 여러 신문에 빈번히 등장한다.

1923~1924년의 대규모 인천, 군산 정미 여성 노동자 파업이 일어난 것도 바로 일본 감독의 구타와 성폭행 때문이었다. 물론 파업을 통한 저항은 즉각 일본 경찰의 탄압을 불러 일으켰다. 언론에서는 "퇴근할 때는 경찰에서 죄인 다루듯이 일일이 검사하지요. …그 무지한 감독 손에 유방에서 사타구니에 이르기까지 조사를 당합니다. …그 짐승 같은 행위를 달게 받고 저주의 피눈물을 머금고 한낱 돈 30여 전에 얽매인 생활을 삼 년이란 긴 세월 동안을 하게 되었습니다."[12]라고 하는 어느 17세 여성 노동자의 하소연을 전하고 있다.

'여공'이라 불린 이들에게 직업여성의 경제적 독립이나 인격적 자아실현은 먼 나라 이야기일 뿐이었는지도 모른다. 유진오(1906~1987)의 소설[13]에 나오는 제사공장의 여공 옥순이

---

12   『동아일보』, 1929. 11. 3.
13   유진오, 「여직공」, 『조선일보』, 1931. 3. 1~3. 24.

는 감독이 제시한 10원의 유혹에 넘어가고 이후 감독의 지속적인 괴롭힘을 받는다. 그 뒤에도 감독의 회유에 넘어가 동료들의 비밀을 고자질하게 되며 결국 공장에서 추방당하고 만다. 마침내 옥순이는 여공으로서의 취약한 부분을 끊임없이 이용하는 공장 권력에 맞서 프롤레타리아 노동자로서 자본가와 싸워나가야 할 자신의 운명을 깨닫고 저항의 의지를 불태운다.

1928년 서울의 여직공 현황을 제시하는 통계[14]에 따르면 고무, 과자, 비누, 인쇄, 제사, 정미, 염직, 직물, 제화, 연초 등 33개 공장에서 2,677명의 여공이 하루 평균 13~14시간의 노동을 하고 임금은 최하 30전에서 최고 2원까지 받았다. 여공의 나이는 13세부터 40세까지 분포되어 있었는데 온 가족이 일하지 않으면 먹고살 수 없을 만큼 빈곤하였음을 말해준다고 했다. 다음해인 1929년에는 공장이 500여 곳으로 늘어났으며 여직공이 3,870여 명이나 되었다.[15] 또한 이들의 노동환경이 극도로 열악하여 장기간 근무할 경우 직업병으로 사망하기까지 했다[16]고 한다.

14 『조선지광』, 1928. 5(박용옥, 「신여성에 대한 사회적 수용과 비판」, 문옥표 외, 『신여성』, 청년사, 2003, 78쪽 재인용).
15 『근우』 1호, 1929. 5.
16 『신여성』, 1933. 6.

이미 1900년대부터 여성들은 공장에 취업하기 시작했고, 일본의 독점 자본이 값싼 미숙련 여성 노동자를 찾으면서 여공의 수는 점점 증가되어 1930년대 30~35% 정도를 차지했다. 이 당시 여성 노동자들은 고무공장, 방직공장에 가장 많이 취직했으며 성적·민족적 차별에 시달려야 했다. 조선총독부 통계연보에 의하면 1930년도 생산 공정에 있는 노동자의 약 62%가 한국 여성이었다. 게다가 대부분의 공장에서는 인건비의 절감을 위하여 전체 여공 가운데 절반 이상을 17세 미만의 유년 소녀 노동자들로 고용하였다.

새로운 사회적 노동에 본격적으로 참여하게 된 대다수 근대여성들은 전통적 생활 관습과 식민지 통치 질서 속에서 가정과 직장의 양립 문제에 고민해야 했다. 더구나 일제가 1930년대 이후 전시 체제를 강화하면서 여성들에게도 노동 징용을 요구하던 시기에는 조선 각지의 노동력 부족 현상이 심화되어갔고 직업 선택의 자유가 박탈되었다고도 할 수 있다.

소수의 전문직을 제외하고 여성들은 과중한 노동에 시달리는 여공과 같은 하위 생산직이나 많은 사람을 상대하는 서비스직에 종사하였다. 또한 일본의 황민화 정책에 따라 모성애가 강조되면서 여성 직업인들이 부정적으로 평가되는 분위기이기도 했다. 이에 따라 여성들은 직업여성에 대한 사회적 편견과 차별을 이겨내야 했고 대부분이 임시직이었던 여성 노동자들의 경우 늘 불안을 안고 살아야 했다.

사실 그 후로도 한국의 경우 직장과 가정, 임금노동과 가사노동, 공과 사의 구분을 토대로 남녀 간의 불평등한 관계가 지속되어왔다. 여성 스스로도 자신의 직장업무는 부수적으로 여기면서 관심의 일차적 비중을 가정에 두는 것이 실제 대다수 취업여성들의 태도였다고 볼 수 있다.

진정한 신여성

신여성들에게 직업이 자아를 발견하고 실현하는 통로였다면, 피폐한 농촌에 남거나 도시 공장으로 들어간 여성들에게 직업은 생존과 직결되는 문제였다. 더구나 버스 안내원, 전화교환원, 백화점 점원 등과 함께 여공은 도시 문명이 낳은 첨단의 직업이자 보통학교 졸업 이상의 여성들이 선망했던 직업이다. 이들은 근대적 도시 시민의 일원으로서 새로운 삶의 가능성을 꿈꾸었을 것이다.

여성들은 매우 높은 취업 경쟁률 속에 공장에 들어갔는데, 1930년대 빈궁하기 그지없는 농촌보다 도시 공장의 환경은 상대적으로 나았다. 대규모의 건물에다가 기숙사, 식당 등의 설비를 비롯하여 목욕탕, 세탁소 등의 편의시설을 갖춘 경기권 일대의 근대적인 공장들은 어린 소녀들에게 새로운 세계

열정에서 소외까지, 신여성

로 비치기도 했다. 대도시 공장들은 1920년대 초부터 근대적 형태의 각종 위락시설을 갖추고 거기에 부합하는 위안 프로그램을 지속적으로 시행해왔다.

공장 안에는 문화적 배려의 차원에서 신문 잡지가 가득한 도서실이 있고, 강연을 듣고 영화를 감상할 수 있는 공간이 마련되기도 하였다. 언론에서는 "연주회, 가극회, 야유회, 운동회 등의 문화 행사에 참여하면서 여공들은 근대적 자아에 눈을 뜰 수도 있었다."[17]고 보도했다. 학교 혜택이 많지 않은 여공들을 위한 교육 프로그램이 제공되고, 각종 보험금 제도의 실시 등 복지 프로그램이 운영되기도 했다.

여공들의 임금이 비록 10~20원 정도로 적기는 하지만 그들의 소득은 가계에 적지 않게 보탬이 되었으며 자기를 위해 저축도 가능하였다. 때때로 여공들은 공장 밖으로 나와 자유로운 도시 공간에서 억눌린 자아를 회복하고자 했으며 그녀들의 소비 행위도 그 일환이었다. 1930년대 영등포의 한 방적회사가 언론에 소개된 바 있다.[18] 그 공장은 효율성과 합리성을 기반으로 하는 근대적 노동 시스템을 갖추고 노동자들에게 각종 편의시설을 제공하는 이상적 공간으로 기사화되

17 『동아일보』, 1933. 9. 30.
18 『삼천리』, 1936. 2. 1.

었다.

장시간의 노동, 낮은 임금, 공장의 감시 등 힘든 여건 속에서도 대다수 여성 노동자들은 자신들뿐만 아니라 사회 발전을 위해 직업윤리를 갖고 책임을 다하고자 했다. 그러므로 이러한 제조업 여성 노동자들이 바로 식민지 조선 사회를 원천적으로 떠받쳐준 동력이 될 수 있었다. 새로운 사회를 건설할 잠재력을 지닌 생산적 주체로서 근대를 발전시킨 진정한 의미의 신여성은 그들이라고 하는 것도 이 때문이다.

이농하여 도시의 각종 서비스업의 종사자나 공장 노동자로 살아간 하위계층 여성들은 자본주의적 근대화의 질서와 생산 구조에 적응해감으로써 근대적 노동 주체 세력으로 등장했다. 진정으로 신여성이란 교육의 정도, 도시문화의 수용 여부, 직업의 차별을 넘어 얼마나 자신의 정체성을 유지하면서 사회의 변화와 발전에 주체적으로 참여했는가, 즉 투철하게 직업정신을 발휘했는가에 달렸다고 할 수 있다.

1920년대 여성들은 특히 소비재 공업 생산의 섬유공장, 고무공장, 정미공장 등에 몰렸는데, 이들 공장은 식민지 조선의 산업화 과정에서 집중적으로 발달하였다. 여성 노동자 절반이 섬유공업에 고용되었으며 그중에서도 제사공업이 압도적 비중을 차지했다. 노동분쟁이 가장 자주 일어났던 고무공장에는 여성 비율이 60~70%에 달했다. 1930년대 이후 군수

산업을 비롯하여 중공업, 기계, 화학 등의 기술집약적 산업이 발전하게 되었다.

근대화의 시기 여성의 교육적 혜택이 증가하고 의식이 진취적으로 전환되는 가운데 경제활동 영역이 새롭게 형성되면서, 여성들은 직업을 사회 성장의 밑거름이자 자기발전의 필연적 요소로 파악하기 시작했다. 무엇보다 미래사회를 지향하며 자신의 정체성을 결정하는 소비문화가 확산되면서 여성들의 자유로운 의식과 경제적 독립에의 의지가 발현되었다. 그러나 여성들의 직업의 기회가 제한적이고 직업 활동도 단기적인 경우가 많았다. 직업을 위해 가정을 나왔던 여성들에게 자신의 본분을 저버렸다는 비난도 늘 뒤따랐다. 1930년대 중반 들어서는 경제 상황이 더욱 악화되고 실업자 수는 증가되기도 했다. 다행히 점점 교육을 받은 지식계층이 늘어나고 여성들의 취업이 어느 정도 활발해졌다. 지금과 같이 여성의 고등교육이 보편화되기에 이르고 여성의 사회 진출이 다방면으로 확대된 것은 근대화의 험난한 과정을 통과한 후의 결과임은 말할 것도 없다.

9
여권운동과 민족투쟁을 하다

근대적 여성운동은 여성을 억압했던 구시대의 폐습을 타파하고 주체적으로 여성의 정체성을 확립하며 사회적 책무를 다하고자 했던 운동이라 할 수 있다. 여성운동이 방향성을 띠기 시작한 것은 안으로 실학사상의 영향을 받으며 밖에서 유입되는 서구 사상을 수용하고자 했던 개화파에 의해서였다. 이들 가운데서도 여권 문제를 가장 먼저 거론한 인물은 철종의 사위이자 갑신정변을 주도했던 박영효(1861~1939)라고 할수 있다. 박영효는 신분제도의 혁파를 비롯하여 조혼 금지, 과부 재가 허용 등의 개혁을 정부에 상소한 바 있다.

당시 성차별 철폐의 최우선 과제는 과부의 재혼을 용납하는 것이었으며, 1894년 갑오개혁에서 이를 법제화함으로써 구체적인 근대 여성운동의 단초를 마련하였다. 과부의 재혼

열정에서 소외까지, 신여성

과 함께 기생을 비롯한 천민의 신분 상승을 위한 개혁안은 역사상 최초로 여성들에게 인간다운 삶을 회복시켜주고자 했다는 점에서 주목할 만하다. 개화파들은 이 밖에도 축첩, 조혼 등의 혼인제도 혁신은 물론 자유로운 사회 활동을 위한 내외법 폐지 등 봉건적 인습의 타파를 역설하면서 성문화시키기에 주력했다. 그러나 법적 조치에도 불구하고 오랜 관습으로 인해 제대로 시행되지는 못했다.

여성운동은 초기에는 대내적으로 봉건체제하에서 차별받던 여성의 지위를 극복하고 권리를 획득하는 데서 출발했으나 일제의 침략으로 국권이 강탈당하는 처지에서 항일 독립운동과 무장투쟁으로 이어졌다. 자녀 양육과 집안 살림을 소홀히 할 수 없었던 여성 독립운동가들은 대부분 공적, 사적인 영역에서 이중의 역할을 완수해야 하는 고통을 겪었다. 남성 중심적 분위기로 잘 드러나지 않았지만 여성들의 희생이 없었다면 우리는 일제 강점으로 인한 사회 문화적 질곡에 더 깊이 빠졌을 것이다. 사실 식민지화에 따른 피해의 전면에서 여성들은 바람막이가 되기도 했다. 그들은 엄청난 역경을 뚫고 각자의 자리에서 항일 독립운동에 앞장서면서 국권 회복에 안간힘을 다한 역사의 주역이다.

여성단체의 결성

1898년 우리나라 최초로 여성들에 의한 여성단체인 찬양회가 결성되었다. '밥하고 옷 짓는 것만이 여자의 일이 아니라'며 교육운동을 펼치던 찬양회가 세운 순성학교의 공립여학교로의 전환은 실패로 돌아갔으나 여성교육에 대한 관심과 여학교 설립의 필요성을 사회 전반에 인식시키는 데는 공헌했다. 또한 찬양회 회원들은 1898년 만민공동회운동에도 참여함으로써 여성의 참정권을 행동으로 보여주는 쾌거를 이루었다. 찬양회와 동일 회원으로 조직된 여우회(女友會)는 축첩 반대를 위해 조직한 최초의 여성단체로 1899년 덕수궁 앞에서 일부다처제 폐지를 요구하며 시위를 벌였다.

1907년에 발발한 국채보상운동이 갖는 중요한 의미 가운데 하나는 근대적인 의식을 갖게 된 평민계층 이하의 여성들이 부상함으로써 여성운동의 주도 세력에 변화가 나타나기 시작했다는 점이다. 여성들은 전국적으로 부인회를 결성하여 패물을 모아 보상금으로 내놓았으며, 최하위층에 속했던 기생들마저 진주애국부인회를 결성하여 의연금을 모집하는 등 눈부시게 활약했다. 부녀자들이 비녀와 가락지까지 내놓았던 국채보상운동은 남성과 다름없는 여성들의 강력한 국민주권 수호 의지의 실천이었으며, 이와 함께 남녀 차별 철폐를 염두에 둔 여권 의식의 고취에 크게 기여하기도 했다.

1905~1910년에는 주로 여성교육을 목적으로 여성단체의 발족이 급격히 증가했는데 우리의 여성운동이 교육권 확보에 얼마나 비중을 두었는지 알 수 있다. 여성운동가들이 가장 많이 참여했던 것도 바로 교육을 핵심 과제로 삼는 계몽운동이었다. 당시 여성교육을 통한 여권 신장에 앞장섰던 기생출신의 독립운동가 하란사(1872~1919)의 업적이 두드러진다. 인천항의 통상 업무 최고 책임자로 소문난 갑부 하상기(1855~1920)의 첩으로 들어간 그녀는 남편의 도움으로 미국 유학을 하였고 한국 최초의 여학사가 된 후 이화학당의 교사가 되었다.

1910년대 여성운동을 대표하는 송죽회는 1913년 결성된 평양 숭의여학교 여교사 중심의 항일 비밀결사 조직이다. 이 단체는 독립자금을 모집하면서 여성계몽, 민족의식을 함양시키는 역할을 하였다. 그리고 송죽회는 회원들이 졸업을 한 뒤 지방 학교에 교사로 부임함으로써 조직을 확대시켜 나갈 수 있었으며, 많은 여성 지도자를 배출하였다.

우리의 여성운동은 1920년대 와서 본격적으로 전개되었으며, 근우회가 조직되기 전까지 약 200개의 여성운동 단체가 결성되었다. 1920년대 전반 여성운동 단체는 크게 좌우로 나뉘어 우파 단체로는 조선여자교육회, YWCA 등이, 좌파 단

체로 조선여성동우회, 중앙여자청년동맹 등이 있었다. 조선
여성동우회는 1924년 5월에 정종명, 박원희, 정칠성, 주세죽,
허정숙 등 30여 명이 결성한 우리나라 최초의 사회주의 여성
단체이다.

일제 권력의 탄압으로 여성단체의 조직이 와해되고 활약이
침체되는 1920~1930년대 여성운동은 교육운동과 노동운동
으로 전환되었다.

교육 및 여권 운동

근대화가 시작되면서 여성들 스스로 여성을 억압했던 구시
대의 질서와 관습을 타파하고 해방된 여성문화를 창조하겠
다는 운동이 일어났다. 지속적으로 여성들은 여성으로서의
정체성을 확보하고 나아가 인간으로서 평등하게 사회적 의
무를 다하고자 노력했다.

나혜석은 '최초의 근대적 인권론'으로 평가받는 「이상적 부
인」이라는 글을 통해서 여성의 자유로운 개성과 새로운 이상
을 주장하였다. 도덕적 부인으로서의 세속적인 본분만 다하
게 하는 것을 목표로 삼는 현모양처주의는 여자를 부속물이
되게 하는 교육관이라 판단했다. 나혜석은 여성의 사회적 불
평등은 남성으로부터 나온 것이라 주장하면서 남녀 차별의

문제를 개인을 넘어 제도 특히 교육 때문으로 보았다.

김일엽은 개조와 해방이 "수천 년 동안 어두운 방중에 갇혀 있던 우리 여자의 부르짖음이라."고 하면서 사회를 개조하려 면 먼저 가정을 개조해야 하고, 가정을 개조하려면 여자를 해 방시켜야 한다고 말했다. 그리고 김일엽은 남녀 차별의 악습 을 근절하고 수백 년간 길들여져 온 조선 여성을 개조 해방시 키기 위해서는 교육이 중요하다고 여겼다. 그녀는 조선 사회 가 발전하지 못한 요인으로 여자교육이 이루어지지 않은 것 을 들었다.

천도교계 지식인들은 1922년 여성잡지 『부인』의 출간을 통 해 여성해방을 위한 의식화 운동에 앞장섰다. 여성 억압의 근 원이 가부장제에 있다고 보고 이를 타파하기 위한 대안으로 핵가족제를 제시했다. 다음해에는 『부인』을 폐간하고 근대교 육을 받은 '신여성'을 대상으로 한 『신여성』을 창간했다. 잡지 재창간의 주요 목표는 여성의 사회 진출과 의식 계발에 두었 으며, 특히 여성교육을 비롯하여 여성노동, 여성 일자리 확대 를 지속적으로 다루었다.

한편 1930년대 김명순은 「석공의 노래」(1934)라는 시에서 칠거지악의 징벌과 삼종지도의 부도로 억압받아온 조선 여 성의 설움을 노래하였으며, 그 기저에는 어린 시절 오빠와 자 신을 차별하는 어머니에 대한 기억이 자리 잡고 있는지도 모른다¹고 술회하였다. 나혜석은 「이혼고백장」(1934)에서 "아내가 되기 전에 어머니이기 전에 나는 사람이라" 언급하면서 근대인의 최대 이상은 인격자로서 자신의 정체성을 발휘하는 것이라고 지적하였다. 이처럼 근대화가 진행되는 시기 신여성들은 여성들에게 자아의 각성과 개성의 실현을 촉구해 왔다.

1920~30년대에 여성해방을 부르짖은 여권운동은 낡은 체제와 구질서를 부정하고 새로운 시대를 전개할 가능성을 지니고 있었다. 하지만 일상생활에서는 어느 정도 성과가 나타났으나 근본 정신에는 미치지 못했다. 여권 회복을 희구하는 많은 여성들은 1937년 중일전쟁으로 병참기지화하는 조선을 떠나 중국으로 거점을 옮기거나 지하로 잠적해야 했다.

여성운동의 방향이 의식 계몽에서 사회적 실천 쪽으로 변해가기도 했다. 가난한 농부의 딸로 태어나 열여섯에 청상과부가 된 평양의 백선행(1848~1933)은 자선사업을 가장 많이 한 조선의 여성활동가로 불린다. 여러 공익사업을 거쳐 땅이 없어 어려움에 처한 광성소학교와 숭현여학교에 토지를 기증했으며 숭인상업, 창덕소학교 등에도 많은 도움을 주었다.

---

1   김경일, 「차이와 구별로서의 신여성」, 『나혜석연구』 창간호, 나혜석학회, 2012, 91쪽.

그 후 남은 전 재산을 빈민 구제 단체에 희사하였다. 그가 평생 사회에 기부한 돈은 현재 가치로 수백억이 넘는다고 한다.

사회주의 여성운동

1924년에는 조선여성동우회가 주도하여 투쟁적이며 대중적인 노동운동을 지향하는 사회주의 여성운동이 격렬하게 일어났다. 가부장적인 가족제도와 여성의 노동과 임금을 착취하는 자본주의 체제에 도전하는 진보적 여성해방 운동이 되었다. 1920년대 중반에 유입된 사회주의 사상을 배경으로 일어난 이런 급진적 여성해방 운동의 영향에 따라 근로 여성층의 노동운동이 여성운동의 맥을 잇게 된 것이다.

1920년대 초기의 신여성들이 주로 인텔리 계층이었던 것과 달리 1920년대 중기에 오면 노동자·농민의 딸이나 기생에 이르기까지 다양한 계층이 근대교육을 받아 신여성으로 확대되었다. 이에 종래의 신여성운동은 소부르주아적 또는 반민중적인 것으로 비난을 받게 되었고,[2] 신여성에 대해 부정적인 인식을 극복하려는 새로운 대안으로서 사회주의 여

2   박용옥,「신여성에 대한 사회적 수용과 비판」,『신여성』, 청년사, 2003, 52쪽.

성운동이 일어나는 계기가 마련되었다. 여성해방과 민족독립을 실현하기 위하여 계급해방의 사회주의 사상이 필요하다고 생각하는 여성들이 등장한 것이다.

사회주의 여성운동은 노동자·농민을 위한 투쟁을 여성해방의 새로운 이론과 방법으로 제시하면서 1920년대 후반부터 대중적 신여성운동으로 확장해나갔다. 이 운동은 여성을 억압하는 봉건적 유습과 식민 치하의 성차별적 노동과 임금의 착취를 문제 삼았다. 그리고 이러한 이중적인 질곡 속에 신음하는 여성의 해방을 위해서는 철저한 계급의식을 가지고 투쟁을 해야 한다고 주장했다.

기생 출신의 정칠성(1897~1958)은 일본으로 유학을 갔고 도쿄 여자 유학생들로 조직된 삼월회의 간부로 활약하였다. 그녀는 신여성에 대해 "구제도의 불합리한 환경을 부인하는 강렬한 계급의식을 가진 무산여성으로서 새로운 환경을 창조코자 하는 정열이 있는 새 여성이다."[3]라고 정의를 내렸다. 멸시받던 기생의 삶을 통해 제도적 모순을 타파하는 길이 사회주의 여성운동이라 믿었던 것이다. 동아일보 부녀자 기자로 근무하던 허정숙(1908~1991)은 여성의식과 계급의식을 결합시키려고 노력했다. 여성운동은 계급적으로 자본가 계층

3   「신여성이란 무엇」, 『조선일보』, 1926. 1. 4.

과 투쟁하고 성적으로 가부장제에게 반역하는 이중의 운동을 전개해야 한다는 것이었다.

사회주의자들은 조선인들이 비참하게 살아가는 것은 자본가와 지주, 그리고 식민지 지배자들 때문이므로 강력한 투쟁의식을 가지고 이러한 세력을 밀어내지 않으면 안 된다고 주장했다. 한편 사회주의자들이 노동자·농민의 참혹한 현실을 외면한 신여성론이나 신여성운동을 거부했던 것처럼 기독교계 여성들의 입장에서도 사회주의 여성운동의 논리나 행동을 수용할 수 없었다.

근우회의 탄생

1927년 근우회가 탄생하면서 한국 여성운동의 절정기를 맞게 되었다. 6월 17일 기독교 청년회관에서는 많은 방청객이 지켜보는 가운데 신여성 수백 명이 모여 '여성의 단결과 지위 향상'이라는 기치를 내걸고 근우회를 출범시킨 것이다. 민족주의와 사회주의를 통합하는 국내 최대의 여성운동 단체로 발족한 근우회는 여성해방 운동과 항일투쟁의 일원화를 목표로 여성의 단합을 호소하였다. 근우회는 해체되기까지 전국 수십 개 지회에 수천 명의 회원을 확보하고 각계각층의 여성들을 포함한 대규모 조직이었다.

근우회는 선언문을 통해 여성이 처한 사회적 위상과 문제를 봉건적 가부장제와 식민지 체제 아래 여성의 성적, 계급적 모순에서 비롯된 것으로 보고 그 해결을 위해 여성이 깊이 각성하고 실천하는 노력을 경주해야 한다고 역설했다. 선언문에서 회원들은 "여성 스스로 해방되는 날 세계가 해방될 것이다. 조선 자매들아 단결하자."고 외쳤다. 근우회는 여성들의 자존감과 자아의식을 고취하고, 노동 및 경제활동을 크게 고무시켰다.

구체적인 행동강령으로는 교육의 성차별 철폐, 여성에 대한 사회적 법률적 차별 철폐, 조혼 폐지 및 결혼과 이혼의 자유, 인신매매 및 공창 폐지를 내세웠다. 농민부인의 경제적 이익 보장, 여성노동자의 임금차별 철폐 및 산전산후 2주간의 휴양과 임금 지불, 부인 및 소년 노동자의 위험노동 및 야간작업 폐지, 노동자 농민을 위한 의료기관 및 탁아소 설립, 언론·집회·결사의 자유 등도 주장했다.

그러나 내부의 이념적 갈등과 일제의 억압을 이기지 못하고 여성운동의 통합 조직이었던 근우회는 1931년 해체되고 말았으며, 그 이후 항일 여성운동은 지하로 들어가버렸다.[4] 여성해방을 목표로 출발했던 근우회의 여성운동가를 향해 경성

---

4   이화형, 『여성, 역사 속의 주체적인 삶』, 국학자료원, 2016, 429쪽.

방적회사의 여공은 "그 찬란한 복장을 벗고 향유병을 깨뜨리고 금시계를 끌러놓고 노동 부인들의 층으로 들어가라."[5]고 외쳤다.

격렬한 노동 투쟁

근우회가 해체된 1931년은 여성운동의 역사적 전환을 알리는 해였다. 사회운동 평론가인 윤형식은 근우회 해체 이후 무산계급과 연합하는 새로운 여성운동이 일어나게 되었다고 논평하였다.[6] 소부르주아층을 중심으로 하여 일어났던 조선의 여성운동이 1931년경부터 노동자 계급과 합류하는 새로운 부인운동으로 바뀌게 된 것이다.

이미 1929년 세계대공황이 닥치자 산업계의 상황은 더 나빠졌고 그에 따라 노동자들의 저항도 격렬해졌다. 고무 공장, 양말 및 섬유 공장 등의 여성 노동자들은 단식과 농성 등 적극적인 방식의 동맹파업을 일으켰다. 그들은 남성 노동자 반밖에 안 되는 임금의 인상과 12시간이 넘는 장시간 근로 등의 노동 조건의 개선을 요구했으며, 공장주와 감독의 성희롱,

5 『청년조선』, 1928. 7. 31.
6 윤형식, 「1931년의 여성운동과 금후 전망」, 『신여성』, 1931. 12.

폭언, 구타 등 인격적 모독과 유린에 맞섰다. 1929년의 대규모 원산 노동자 총파업에 이어 1930년에는 부산 조선방직 총파업이 있었다.

1930년 8월 평양고무공업조합이 노동자들에게 일방적으로 임금 삭감을 통고했다. 1931년 5월 평원고무공장의 여성 노동자들과 함께 농성을 벌이던 34세의 강주룡(1901~1931)은 경찰로부터 저지당하자 을밀대 12미터 높이의 지붕 위에 올라갔다. 그녀는 시민들을 향해 "평양의 이천삼백 명 우리 동무의 살이 깎이지 않기 위해 내 한 몸뚱이가 죽는 것은 아깝지 않습니다."[7]라고 외치며 공장주의 횡포를 필사적으로 알렸다. 이는 한국 최초 노동자 고공 투쟁이란 사건이 되었다. 이 파업은 20여 명의 희생자를 내면서 실패로 끝났지만 여성 노동자만의 힘으로 일제와 자본가들에게 맞서 한 달 가까이 투쟁을 벌였다는 점에서 큰 의의가 있다.

식민지 공업화에 따른 노동계급의 성장과 더불어 노동운동이 치열해졌는데 그 중심에는 늘 여성 노동자들이 있었다. 여성 노동자들은 주로 민족적 차별과 성차에서 오는 임금 차별 철폐와 여성의 노동권 확보 차원의 모성 보호를 강력히 요구했다.

---

7   『동광』23, 1931. 7.

사회주의 계열의 여성들은 독자적으로 농촌운동을 추진해 나가야 했다. 1930년대 인구의 80%가 농민이었던 현실에서 농촌 계몽은 조국을 새롭게 건설한다는 인식과 맞닿았으며 최용신(1909~1935)을 비롯한 여성 지도자들에 의해 농촌운동이 활발하게 전개되었다. 당시 농촌 계몽운동에서는 문맹 퇴치를 위한 한글 강습뿐만 아니라 토지제도, 소작권 등의 농업 문제에서부터 농촌 여성들을 위한 탁아소 설치, 조혼 금지, 강제결혼 철폐 등의 문제까지 다루었다.

한편 해녀들의 노동운동에도 주목할 수 있는데, 1932년에 일어난 제주도 해녀들의 시위는 국내 최대의 여성 투쟁이자 세계적으로도 유례를 찾기 힘든 규모의 여성단체 투쟁으로 전해지고 있다. 1932년 1월부터 불타오른 제주 해녀 항쟁은 3개월 동안 지속되었고 제주 동부 지역에서 연인원 1만 7천여 명이 참가하는 기록을 세웠다.[8] 1930년부터 1932년까지 제주에서는 크고 작은 해녀들의 시위가 수백 회나 일어났다.

국권 회복과 3·1만세 운동

1880년대 이후 본격적으로 전개된 한국 여성의 근대화운

---

8 「제주잠녀항쟁」, 『한국향토문화전자대전』, 한국학중앙연구원.

동은 초기에는 봉건적 체제하의 여성의 열악한 지위를 극복하는 데서 출범했으나 일제의 강점으로 국권이 유린당하는 처지에서 항일 독립투쟁으로 이어졌다. 궁극적으로 자유민주주의의 실현을 지향하는 여성운동은 이처럼 봉건제도의 질곡과 제국주의 침략으로부터의 해방에서만 가능했다. 인텔리 여성의 경우에도 민족 구성원으로의 자기 동일시는 근대적 여성 정체성 형성의 중요한 일부였다.

일제의 조선 동화 정책이 전폭적으로 추진되는 시점에 그에 맞서 조선적인 것을 지키려 노력하는 신여성을 그린 임순득(1915~?)의 데뷔작 「일요일」(1937)은 의미하는 바가 크다. 임순득은 학생 운동권 출신으로 1930년대 후반에 작품 활동을 시작했다. 서구적, 도시적인 것을 거의 동일한 성격으로 인식했던 신여성의 시야에 비로소 민족적인 것이 들어오게 되었다. 어느 수필에서도 임순득은 시골에 교사로 내려가 낯선 생활을 극복하면서 서울에 다니러 온 친구를 통해 조선적인 것을 발견한 경험을 적고 있다. 임순득의 조선적인 것의 발견은 식민지 정책에 저항하는 민족정신의 강조로 나아가는 것이었다.[9]

한국 근대 여성운동은 국권수호 의지를 고취시키는 애국

---

9   이상경, 「신여성의 자화상」, 『신여성』, 청년사, 2003, 239~240쪽.

운동으로 승화되었다. 1907년에 일어난 국채보상운동과 같이 여성들 스스로 신분과 지역을 가리지 않고 연대하여 애국활동을 하기는 우리 역사에서 처음 있는 일이었다. 여성들은 "국채를 갚고 보면 국권이 회복할 뿐만 아니라 우리 여자의 힘을 세상에 알려 남녀 동권을 찾을 것이다."[10]라고 외쳤다. 이 운동은 많은 소외계층 여성의 자각과 참여 의식의 표출이라는 점에서 특별히 주목받을 만했다. 그 이후 여성들의 조직적인 항일 구국 활동이 끊임없이 일어났다.

앞서 말했듯이 평양의 숭의여학교에 교사로 있던 김경희, 황에스터와 졸업생 안정석이 재학생인 박현숙, 황신덕 등을 데리고 결성한 애국 비밀 단체인 송죽회가 독립운동을 돕고 여권 쟁취를 도모하는 놀라운 활약상을 보이기도 했다. 평양을 중심으로 한 대한애국부인회의 활동도 이 송죽회의 조직이 기초가 되었다. 특히 안정석(1883~ ?)은 과부의 몸으로 3·1운동 때 광성학교 학생들의 태극기 제작을 지원하다 체포되는가 하면, 대한애국부인회를 조직하여 상하이 임시정부에 군자금을 보내는 등 독립운동을 하다가 평양 감옥에서 2년간 복역하였다. 박현숙(1896~1980)은 신흥식 목사로부터 1919년 3월 1일 만세 시위에 관한 부탁을 받고 숭의 여학생

10 『대한매일신보』, 1907. 4. 23.

10명에게 태극기를 만들게 했다.

여성들이 여성해방을 본격적으로 표방하고 사회가 집중적으로 호응하면서 여성운동이 도약하게 된 것은 1919년 3·1운동 이후부터였다. "독립을 갈망하는 마음에 남녀가 따로 있을 수 있는가. 수레는 한쪽 바퀴만으로 굴러갈 수 없다."고 했던 황에스터(1892~1971)를 비롯하여 김마리아, 정자영 등 2·8독립선언에 앞장섰던 도쿄 유학생들과 박인덕, 신준려 등의 이화학당 교사들이 3·1운동에 주도적으로 참여했다. 또한 이화학당 학생들뿐만 아니라 정신의 김마리아, 진명의 이정희 등이 앞장서 독립투쟁을 전개하였다.

이화학당 고등과 1학년에 재학 중이던 유관순(1902~1920)은 3·1운동이 일어나자 학우 6명과 함께 기숙사 뒷담을 넘어 탑골공원으로 달려가 시위 군중에 합류했다. 이화학당이 휴교되자 귀향하였고 4월 1일 아우내 장터에서 독립만세 시위 중 부모를 잃었으며 주모자로 체포 구금되었다. 그녀는 일본인들이 자신을 재판할 어떤 권리도 없다며 재판을 거부하고 3년형을 언도받았으나, 다시 일본인 검사의 모욕적인 발언에 의자를 집어 던져 7년형으로 늘어났다. 옥중에서 순국한 그녀의 시신은 아직 찾지 못했다.

개성에서는 3월 3일 만세시위가 있었는데 충교예배당의 어윤희(1881~1961)와 여신도들, 호수돈여학교와 미리흠여학교의 교사와 학생들의 활동이 부각되었다. 3월 11일 부산에서는 일신여학교 교사 주경애(1898~?)와 학생들이 만세시위를 주도했고, 3월 20일 천안의 양대여학교 교사 임영신과 학생들이 시위를 했으며 3월 21일 마산에서는 의신여학교 교사 박순천(1898~1983)과 동지들이 궐기하였다.

3·1운동에 참가했던 여성들의 경험은 민족운동을 위한 조직의 필요성을 절감하게 했다. 3·1운동에 가담하여 투옥되었다가 출감한 김마리아와 황에스터에 의해 일시 부진하였던 대한민국애국부인회의 활동은 새로운 전기를 맞게 되었다. 전국 조직망을 갖춘 민족운동 단체인 이 애국부인회는 그 후의 여권 신장을 위한 여성해방 운동에도 커다란 영향을 미쳤다. 김마리아(1892~1944)는 "나라를 위해 죽음이 있을 뿐이다. 비록 지금 죽는다 해도 조금도 여한이 없다."는 결기를 보이며 결혼도 안 한 채 50 평생을 조국과 민족을 위해 헌신하였다. 독립운동에 정신여학교 출신이 눈에 띄게 많은 것도 모교 교사로 재직한 김마리아 같은 애국지사의 가르침이 있었기 때문이다.

김일엽은 1920년에 발표한 「우리 신여자의 요구와 주장」[11]에서 "조선 민족을 위하시거든, 여자 사회의 건전한 발달을

11 『신여자』, 창간호, 1920.

바라시거든"이라는 전제를 통해 자신들이 펼치는 여성운동을 조선의 민족 정서에 호소하고 있다. 3 · 1운동과 관련하여 투옥되었던 나혜석도 1935년에 발표한 「신생활에 들면서」[12]라는 글에서 "한 사람이 이만큼 되기에는 조선의 은혜를 많이 입었다. 나는 반드시 보은할 사명이 있어야 할 것이다."라고 조국에 대한 감사를 잊지 않았다.

국채보상운동 때 앞다투어 금비녀와 옥가락지를 내놓았던 기생들도 3 · 1운동에 적극적으로 참여했다. 1919년 9월 서울의 치안 책임자로 부임한 지바 료(千葉了)가 총독부에 올린 보고서에는 "800명의 기생은 화류계 여자라기보다는 독립투사라는 것이 옳을 듯했다."[13]고 쓰여 있다.

무장투쟁

대중운동의 열기 속에서 학창시절을 보낸 신여성들은 1930년대 말부터는 제국주의 전쟁에 침투되었다. 일부 신여성은 여성의 전시 동원을 여성해방의 일환으로 받아들여 일제에 적극 호응했으나 다른 한편으로 강제 동원에 맞서 민족

---

12 『삼천리』, 1935. 2.
13 『매일신문』, 1919. 3. 4.

적 주체로서의 신념을 발휘하였다. 이전의 운동이 노동자·농민에 집중되어 민족해방 운동이 충분히 수행되지 못했다는 반성 속에서 반일 인민전선론에 입각한 운동이 전개되었다. 그러나 국내의 여성운동들은 일제의 폭압에 직면하여 점점 지하로 잠입해 들어가면서 활동의 범위가 축소되어 갔다. 마침내 1930년대 중반부터 '백마 탄 여장군'으로 불렸던 김명시(1907~1949)를 비롯하여 김순희(1910~1932), 박차정(1910~1944), 박록금(1915~1940) 등의 운동가들은 중국으로 건너가 일제와 무장투쟁을 하기에 이르렀다.

1936년 민족해방·통일전선을 표방한 조국광복회의 등장은 새로운 것이었다. 노동자·농민은 물론 민족 자본가나 양심적 지주까지 망라하는 조국광복회는 '남녀, 민족 등 차별 없는 인류적 평등과 부녀의 사회적 대우'라는 강령을 통해 완전한 남녀의 평등과 일제로부터의 독립을 내세우며 투쟁해 나갔다. 조국광복회는 중국 동북 지역에서 활발하게 항일투쟁을 전개하는 한편 국내 진공작전을 수행함으로써 우리 민족에게 커다란 희망과 용기를 주었다. 1940년대 들어서면서 여성을 포함하는 민중들의 항일투쟁은 더욱 가열되었다. 해방 이후의 민주주의를 지향하는 사회운동의 다변화와 발전은 이러한 여성운동과 항일투쟁 역량의 축적 위에서 비롯되었다.

국가에 위기가 닥쳤을 때 우리 여성들은 놀라운 용기와 지략으로 난국을 타개하는 데 앞장서왔다. 임진왜란 당시 치열했던 진주성전투, 행주산성전투 등에 참여한 경험을 가진 여성들의 기백과 전통은 일제 식민지 압제하의 투쟁으로 이어졌다. 여성들은 주체적으로 비밀단체를 결성하여 남성들의 활동을 측면에서 지원하는 데 그치지 않고 직접 무력투쟁에 참여했다.

구한말 이소사(1874?~1895)는 여성으로서는 유일하게 동학농민전쟁에 참여하여 농민군을 이끌었다. 즉 1894년 3월 농민군이 장흥을 공격할 때 이소사는 22세의 젊은 나이로 동학군을 총지휘하였다. 뿐만 아니라 동학농민군이 정부에 건의한 개혁안 중 과부의 재가를 허락할 것을 요구한 항목은 이소사의 활약이 반영된 결과[14]라 한다.

윤희순(1860~1935)은 "아무리 여자인들 나라사랑 모를소냐 / 우리도 의병하러 나가보세"라며 「안사람 의병가」를 지어 여성들의 구국 의식을 고무시켰다. 또한 1905년 을사늑약이 체결되자 분노한 윤희순은 우리나라 최초의 구국 여성 결사라 할 수 있는, 30여 명으로 된 '여성의병단'을 이끌고 일본에 저

---

14 강영심, 「여성의병에서 여전사로」, 『우리나라 여성들은 어떻게 살았을까2』, 청년사, 1999, 134쪽.

항하였다. 조국의 광복을 위해 투쟁하던 시아버지와 남편이 죽은 뒤에도 그녀의 독립운동은 계속되었으며 두 아들을 독립운동 단체에 가입시켰다. 큰아들마저 순국하자 그녀는 「해주윤씨 일생록」을 남기고 곡기를 끊어 숨을 거두었다.

중국의 만주 벌판을 누빈 여자독립군 남자현(1872~1933)은 결혼한 지 6년 만에 남편이 일본군과 싸우다 전사하자 독립투쟁에 매진하였다. 일제의 만주 침략에 대한 조사를 위해 1932년 국제연맹 리턴 조사단이 하얼빈에 오자, '독립청원'의 혈서를 써서 조사단에 보내 우리의 독립을 호소하였다. 1933년에는 만주 주재 일본 대사 무토 노부요시(武藤信義)를 암살하기 위해 기회를 엿보다 하얼빈에서 일본 경찰에 붙잡혔는데, 당시 "왜놈의 수뇌들을 사살하지 않고서는 올바른 독립운동이 진행될 수 없다"고 호통친 그녀의 나이는 61세였다.

1930년대 만주 지역에서 주로 활동한 항일투쟁의 여전사들은 밤낮으로 총을 들고 생활하는 유격대원으로서 종래에 항일운동 하던 여성들과는 사뭇 달랐다. 연길 유격대의 허성숙(1915~1939)은 림강전투와 안도현전투를 거쳐 1937년 항일전투에서 기관총수로 용맹을 떨쳤으며, 1939년 전투에서는 단신으로 적의 진지에 뛰어들어 항복을 받아내는 전공을 세우고, 그해 안도현 점령 작전에서 적탄에 맞아 전사했다. 또한 리경희는 1932년 돌격대원으로 입대하여 훈련을 마친 후 용정 유격대에 배치되고 여러 전투에 참여하면서 1935년 적의 군용 열차 습격에서 명사수로서 공적을 세워 표창까지 받았다. 한편 일본 순사를 권총으로 사살하고 경찰서에 폭탄을 투척했던 안경신(1877~?) 등 여성 독립투사들의 활동이 눈부시다. 김순애(1889~1976)는 황해도 장연 사람으로 독립운동가 김규식과 결혼한 후 중국 상하이로 이주하였다. 여성도 독립운동 대열에 기꺼이 동참해야 한다고 외쳤던 그녀는 1920년 상하이에서 대한애국부인회를 조직하여 회장으로 피선되는 등 조국 광복 운동에 매진하는 한편 여성 활동을 통한 여권의 지위 향상에 애썼다.

10
아직 가야 할 길이 멀다

근대적 자유와 통제의 양면성을 읽어내는 것은 중요하다. 신여성들이 가부장제적 부덕을 배척하고 근대적 자아 정체성을 확보하기 위해 노력할수록 사회적 저항은 거세었다. 그리하여 열정은 점점 사라진 채 소외를 겪어야 했고 스스로 분열이 일어나 위축되기도 했다. 그럼에도 불구하고 억압된 몸과 마음은 물론 닫힌 공간에서의 탈출을 시도하고 욕망의 자유를 표출하고자 했던 신여성들이야말로 선각자임에 틀림없다.

여성의 권리와 지위를 법률적, 사회적 측면 등으로 나누어 살펴볼 수 있을 뿐만 아니라 법률적 측면이라도 친족법, 혼인법, 이혼법, 상속법 등에서 다양하게 접근해볼 수 있을 것이다. 또한 가정에서 차지하는 여성의 위상만 하더라도 어머니로서 지위, 아내로서의 지위 등 다각도로 분석이 가능할 것이다. 심지어 일상 속의 옷차림, 식사 방식, 주거 형태 등 의식주 생활을 기준으로 여성의 권리나 지위를 검토할 수도 있을 것이다.

이 책에서는 교육, 자유연애, 직업 등을 핵심적 가치로 내세우면서 근대를 열어갔던 여성들의 인격적 자존감 확보를 비롯하여 사회적 또는 경제적인 다양한 활동을 통해 그녀들의 향상된 지위나 권리를 가늠해볼 수 있었다. 무엇보다 신여성들은 학교교육을 통한 각성으로 인격적 존재감을 느끼고, 자유로운 성과 사랑으로 억압적 현실에서 해방될 수 있었으며, 취업과 활동을 통해 본격적으로 사회적 자아에 다가설 수 있었다.

특히 집안일은 물론 바깥 활동을 통해서 가족의 생계를 책임져야 했던 여성의 역할은 더 강화되었고 권한이나 지위도 그만큼 뒤따랐다고 할 수 있다. 다만 이는 전통적 여성의 모습과 크게 다름이 없었으며, 여성들이 공적인 영역에서 정당한 대우를 받기는 쉽지 않았고, 가정과 직장을 병행하며 과중한 노역을 부담했던 점은 안타까움으로 지적하지 않을 수 없다. 게다가 일제 식민지 체제는 여성의 억압을 크게 가중시켰다.

여기서는 성과 사랑의 근간이 되는 혼인법 및 이혼법, 그리고 생활 속의 실리를 좌우하는 상속법을 중심으로 근대여성들의 법적인 지위에 대해 대강 살펴보고자 한다.

먼저 일제 식민 치하 여성의 혼인법상의 지위는 조선시대보다 크게 향상되었다고 할 수 없다. 혼인의 자유 문제에서, 현재는 만 19세 이상의 성년자라면 당사자의 합의에 따라 누구나 자유롭게 혼인할 수 있다. 그러나 조선시대에 혼인은 부모나 조부모 등 주혼자의 동의가 있어야 했는데 이런 유습은 지속되어 1978년까지 남 27세, 여 23세 이하인 자는 부모의 동의가 있어야 혼인이 가능했다. 혼인 적령은 시대에 따라 달랐는데 조선시대에는 원칙적으로 남자 15세, 여자 14세 이상이면 혼인을 할 수 있었다. 만혼도 물론 문제가 되긴 했으나 조혼은 매우 심각한 사회문제를 야기했기 때문에 일제 시기가 되어 남자는 만 17세, 여자는 만 15세에 이르지 않으면 혼인을 할 수 없었다. 남녀 차별을 이유로 현재는 남녀 모두 18세 이상으로 개정하였다.

첩을 공인하여 남편의 호적에 올리던 오랫동안의 폐습을 깨고 첩의 입적을 금지시킴으로써 비로소 혼인법상 일부일처제가 확고해진 것은 다행스러운 일이었다. 특히 유부남과 결혼한 인텔리 신여성은 제2부인으로서 호적에 오르지 못하는 아내였다. 문명국을 지향하며 일부일처제를 따라야 하는 근대 사회에서 제2부인은 존재할 수 없으며, 근대국가의 법률에서 제2부인은 법적인 보호를 받을 수 없었고 그 자식들 역시 사생아로서 권익을 보호받지 못했다.

한편 일제는 1912년 조선민사령의 규정에 따라 이혼을 조선의 관습에 따르도록 했다. 이혼할 때 부모나 호주의 동의가 필요하고, 남편에게 비행이 있어도 아내는 이혼을 요구할 수 없고, 협의이혼을 인정하지 않으며, 이혼 후 자녀의 감호는 남편에게 속한다는 등의 내용이었다. 1915년에는 협의이혼을 관습법으로 인정해 법적으로 이혼의 자유가 처음 인정됐다. 남성 중심적 사회 문화에서 외형적으로 부부가 평등한 관계임을 보여준 양상이다.

그러나 혼인에서와 마찬가지로 부모의 동의가 없으면 현행 관습법상 협의이혼은 무효였다. 그 후 민사령 개정을 통해 재판상 이혼과 협의상 이혼을 법적으로 인정하였다. 특히 일본 민법은 여성에게 이혼청구권을 부여했다는 측면에서 관습법에 비해 한층 진전된 근대적 성격을 띠었으나 정작 이혼법의 조항에는 가부장적이고 부부 불평등한 요소도 반영되어 있었다.[1]

축첩제도가 폐지되고 일부일처제가 확립되었다고 하지만

---

1   소현숙, 『이혼 법정에 선 식민지 조선 여성들』, 역사비평사, 2017, 80쪽.

열정에서 소외까지, 신여성

간통(부정)에 있어 남편의 간통은 이혼의 사유로 인정하지 않으면서 아내의 간통만을 처벌하는 여성 차별의 법적 한계가 있었다. 남자들은 혼인신고만 하지 않으면 얼마든지 동거를 하거나 예식을 실행해도 처벌받지 않았으므로 이러한 법률은 사실상 축첩을 인정하고 있는 것이다. 1930년대 법률을 보면 민사상 유부녀가 간통을 하면 그 남편이 이혼을 청구할 수 있고 여자는 이혼 후 간통 상대자와 혼인신고를 하지 못했다. 형사상으로도 그 유부녀는 이혼을 당할 뿐만 아니라 1개월 이상 2년 이하의 징역에 처해졌다.[2]

이렇듯 협의 또는 재판 이혼을 허용하고 재혼의 자유를 법적으로 인정했다고는 하나 여성의 지위가 전보다 크게 달라지지는 않았다. 다시 말해 일제 시기 이혼이 법률로 명문화되면서 이혼소송이 증가하는 현상을 보였지만 여성 지위의 실질적인 향상은 보장되지 못한 상태였다. 설사 여성들에게 이혼청구권 등의 법적 권리가 인정되었을지라도 실제로 행사할 만한 사회적 여건에 해당하는 지적·경제적 능력이 뒷받침되지 못했다. 여성이 법적으로 확고하게 권리를 갖게 되는 것은 해방 이후 남녀 평등이 헌법에 보장되면서부터라 할 수 있다.

---

2   김미지, 『누가 하이카라 여성을 데리고 사누』, 살림, 2005, 37쪽.

결과적으로 혼인과 이혼 모두에서 여성의 법적 지위가 뒷받침될 만큼 사회적 조건이 성숙되지 못했으며, 여성 스스로 인권을 주장하고 향유할 정도의 자질을 갖추기에도 아직 시기가 일렀다고 본다. 여성 개인의 자율권이 충분히 보호되기 힘들었고 식민지 조선의 경우 일본보다 호주나 부모의 권한이 훨씬 더 강화된 편이다.

상속은 호주상속과 재산상속으로 구분해볼 수 있다. 물론 현재는 호주상속제도의 경우 호주승계제도로 바뀌었고, 상속은 재산상속에 한하는 것으로 변경되었다. 식민 통치 시기 남성 호주를 기준으로 가정의 호적이 편제되고 부계 혈통을 이어가는 호주제가 도입되었다. 민법의 뿌리인 호주제는 우리 전통에는 없는 것으로 일제의 잔재이며 일본에서조차 1946년에 폐지된 봉건적인 제도라고 하는 것이다. 17세기 말 정착된 조선의 호주제도가 국가 지배 방식의 하나로 강화되어 나타난 셈이요 호주제도가 새롭게 우리나라에 자리 잡으면서 가족 내에서 여성의 법적 지위는 약화될 수밖에 없었다. 다시 말하면 고려와 조선에서 여성은 호주로서의 지위를 차지하기도 했으나 일제 시기 여성은 원칙적으로 호주로서의 지위를 상실하고 말았다.

고려에 이어 조선 전기까지 여자도 집안의 계통을 잇는 호주가 될 수 있었으며 이에 따라 재산도 아들과 딸이 공평하게 나누며 제사도 돌아가면서 지낼 수 있었다. 심지어 남성 중심사회로 규정하는 조선 후기에도 여성이 호주가 될 수 있었음[3]을 감안한다면 전통사회 여성의 법적 지위는 상당했었다고 본다. 더구나 조선시대 호주는 집안의 어른, 존장자라는 상징적인 존재의 성격이 강했던 점을 감안하면 새로운 호적제도하에서 호주는 가족에 대하여 거의 무제한적인 권리를 인정받는 강력한 가부장이다.

일제시대 민법에 따른 상속을 보면 호주상속을 하는 장남이 재산을 일단 전부 상속하였다가 남동생들이 분가할 때 재산을 분할해주었고(분재청구권), 딸은 상속에서 제외되었다. 즉 일제가 강요한 호주제에 따른 재산상속에서는 장남이 유산을 전부 받은 후에 형제들에게 나누어주도록 하여 중자에게 분재청구권을 인정했으나 장남이 분가에 동의하지 않을 경우에 차남 이하는 법률상 상속분을 받을 수 없게 하였다. 원칙적으로 장남은 전 재산의 절반을, 나머지 절반은 차남 이하 남자 형제들이 균등하게 나누었지만 딸이나 처에게는 분재청구권을 인정하지 않았다. 이렇듯 재산상속에서 여성의 지위는 조선시대보다도 열악하였다. 특히 구민법(일본 민법)에 따라 아내가 재산권에 있어 무능력자로 전락했음을 볼 때

---

3   손병규, 『호적』, 휴머니스트, 2007.

상속법상으로 여성의 지위가 조선시대보다 약화되었다고 할 만하다.

한편 자녀에 대한 어머니의 친권이 약화되었던 점을 비롯하여 제사 계승과 관련 부계 혈통을 유지시키기 위한 양자법상 여성의 법적 지위가 무시되었던 점 등에서도 여성의 위상이 전통사회보다 오히려 퇴보한 면이 있음을 간과할 수 없다. 사실 역사적으로 남귀여가혼에서 이어지는 처가살이 혼속만으로도 전통사회의 여성의 권리나 지위는 상당했었다.

근대에 들어서도 아직 사회 전 구성원의 의식 변화를 기대하기는 시기 상조였고, 따라서 현실은 계속해서 새로운 법칙이나 제도와 괴리를 일으키곤 했다. 특히 일제시대 우리나라 여성의 법적 지위가 조선시대에 비해 다소 향상되기는 하였으나 실제로는 크게 나아지지 않았다. 2005년 호주제의 폐지로 인하여 거의 남녀 평등을 이룰 수 있게 되었고 2015년에야 간통제가 폐지된 것을 보면 여성의 지위에 대한 사회적 인식이 확산되고 법적으로 수용된 것은 아주 최근의 일이라 할 수 있다.

그러나 시대적 변화와 함께 여성의 권리와 지위는 서서히 향상되어갔음을 부인할 수 없으며, 근대 시기 혼인 · 상속 등 여성들의 법적 지위는 열악했으나 해방 이후 여성이 법적으로 권리다운 권리를 갖게 되는 것도 그 시기 여성들이 있었기 때문에 가능하다고 하겠다.

에필로그

여명의 충격이 쉬 가시지 않는 가운데 근대는 끈질기게 관심을 이끌었다. 현란한 포스트모더니즘의 논의가 한창인데 다른 한 켠에서 다시 근대 담론이 활발해지는 현상은 미래로 나아가기 위해서라도 근대의 실상을 밝히는 일이 얼마나 중요한지를 말해준다. 최근 들어 근대 연구는 무거운 학술적 영역의 틀에서 벗어나 대중화의 가능성까지 보이기도 한다. 이는 근대를 보는 다각적인 방법론에 기인하며 오늘을 사는 현대인의 일상과의 접점에서 근대의 성격을 살펴보려는 의미 있는 시도라 할 것이다.

개화 이후 식민지 시기의 우리의 근대성은 일본을 통한 서구의 영향과 내재적인 전통성이 서로 얽혀 만들어졌다. 이러한 복잡하고 중층적인 구조 속에서 근대 초기의 신여성들은 새로운 시대를 열고자 하는 욕망과 열정을 격렬히 분출하였다. 그러나 사회의 변화와 식민 지배가 심화됨에 따라 내부의 분열과 소외를 경험하면서 다양한 경로를 밟아 가야 했다.

근대 시기 유교적 여성관의 변화가 싹트는 가운데 기독교 문화의 유입 등은 여성의식을 강하게 촉발시켰다. 이러한 내외의 요인은 여성교육의 실시와 교육기관의 신설을 추진하는 촉매제가 되었다. 무엇보다 교육을 통해 여성해방을 실현하고 근대국가를 건설하겠다는 의욕으로 충만된 우리의 여성들은 여학교의 설립에 능동적으로 뛰어들었다. 특히 육영사업에 참여한 여성들의 과반수 이상이 평민층이었던 점은 중요한 의미라 하겠다.

근대적 여성교육의 주요 목표 속에 여성해방을 위한 독립적 인격과 개성을 중시하는 지적 교육방침이 내포되었던 점은 큰 의의가 있다. 또한 암울한 시대에 여성 민족교육론을 전개했다는 점도 근대 여성교육의 가치임에 틀림없다. 다만 보수적 여성관에 입각한 기독교적 교육에 따라 학교들이 현모양처 양성을 교육목표로 삼았던 점과 황국신민화 교육정책에 따라 일제가 교육의 목표에서 부덕을 강조했던 점은 안타깝다.

근대 여성교육은 새로운 변화에 따른 혼란상을 드러내었

다. 초창기에는 학교에서 여학생을 모집하기가 결코 쉽지 않았다. 학교가 학생들이 사회 진출을 위한 능력을 갖출 만큼 기능을 다하지 못했으며 서구적 교육방식도 현실과 거리가 있었다. 과목 개설, 수업 운영 등 교육과정상 안정을 찾는 데는 어려움이 많았으며 교육시설도 열악한 편이었다. 불안한 상황에도 불구하고 근대적 여성교육이 보여준 교육사적 의의는 소홀히 여길 수 없다.

신여성의 몸에 대한 관심은 자기 정체성 확인에 중요한 요소로 작용했다. 몸가짐이나 외양이 아이덴티티를 만드는 시대로의 돌입에 신여성은 유행의 선도자가 되었다. 사실 몸의 노출과 관련된 패션을 통해 신여성들은 비로소 전근대 사회의 가치들과 분명한 선을 그었다. 단발머리에 양장을 하고 높은 구두를 신었으며, 한복의 상의가 길어지고 치마가 짧아진 것은 가슴을 내놓아도 맨발을 드러내지 않았던 조선의 상황을 뒤집어놓은 것이었다.

서구의 문물을 수용하면서 청춘남녀들은 가장 먼저 연애를 받아들였다. 연애야말로 개인의 자유와 권리를 잘 반영하는 시대의 아이콘이자 사회 변화를 선도하는 요소였다. 신여성들 가운데는 자유연애를 구가하며 성욕을 드러내는 데 주저함이 없었으며, 성적으로 무지하고 수치심이 많은 여학생들은 성욕을 의식하지 않아도 되는 동성애에 빠지기도 했다.

열정에서 소외까지, 신여성

유부남과 신여성 간의 연애와 결혼은 도피, 자살 등의 문제로 비화되기 십상이었다.

근대화가 되면서 불합리한 혼인관계에 대한 거부가 뚜렷해졌다. 이혼의 합법화에 따라 이혼 증가는 사회적인 현상이 되었으며 1930년대에 이르러서는 이혼소송이 크게 늘었다. 자유로운 연애 및 결혼 속에 내재된 정조관의 변화는 이혼 사건의 급증을 가져왔다. 또한 성생활에 대담하게 불만을 표출하면서 다른 남자를 만나 정을 통하거나 동거하는 일이 벌어지기도 했다. 주체적으로 성적 욕망과 쾌락을 자각하고 발현하면서 비난의 대상이 되기도 했다.

개항 이후 자본주의 사회로 변모되는 가운데 여성들은 직장이라는 공적 공간으로 진출하기 시작했다. 가족과 남성에 종속된 여성의 비인권적 요소는 경제적으로 독립하지 못했기 때문이라는 각성 속에서 여성들은 전문적인 직업을 갖게 된 것이다. 특히 교육을 많이 받은 신여성들의 경우 교사, 의료, 언론, 예술 등의 공무자유업에 종사했으며, 모성애가 강조되는 분위기에서도 그들은 직업을 통해 사회적 발전에도 크게 기여할 수 있었다.

각종 서비스직에 종사한 여성들은 육체노동의 영역에서 책임을 다하고자 했으며 도시문화를 주도하고 대중문화를 확산시키는 데 큰 역할을 했다. 자영업을 선택한 여성들도 독자적인 영업방식에 따라 경제적인 부를 쌓아가며 도시문화의 새로운 계층이 될 수 있었다. 공장 노동자로 살아간 하위계층 여성들은 자본주의적 근대화의 질서와 생산 구조에 적응해 감으로써 근대적 노동세력으로 등장했고 생산적 주체로서의 역사적 의의를 다하고자 했다.

여성운동은 근대화 초기에는 성차별에 따른 여성억압을 극복하고 독립적 인격체임을 깨닫는 데서 출발했으나 일제에 의해 주권이 강탈당하는 처지에서 항일 독립운동으로 이어졌다. 1920~1930년대 여성운동은 교육운동과 노동운동으로 대별되는데, 특히 노동자·농민 등 소수계층들을 위한 노동운동을 통해 민권 확보에 한층 다가갔다. 마침내 1930년대 중반부터 사회주의 여성 운동가들은 중국으로 건너가 일제와 무장투쟁을 하기에 이르렀다.

이상과 같은 근대여성들의 교육과 학교, 성과 사랑, 직업과 활동 등을 통해 그들의 진일보한 삶, 그리고 혼미와 아쉬움까지 가늠해볼 수 있었다. 혼인·상속 등 법적 지위에 있어서는 일제 초기까지만 해도 조선 말기보다 조금 나은 듯했으나 식민지통치가 강화되면서 매우 열악해졌음을 확인하게 되었다. 시대적 자각과 더불어 여성의 위상은 차츰 향상되었고, 여성이 법적인 보호를 받게 되는 것은 해방 이후이며 확고하게 남편과 아내가 동등한 권리를 인정받도록 명문화된 것은 1989년의 법률 개정부터다.

한국 근대 여성문화에서 봉건적 질서를 탈피하는 전환기적 혼란과 식민지 상황이 초래하는 일탈현상에 의해 커다란 성과를 기대하기 힘들었다. 그러나 교육, 섹슈얼리티, 젠더의 측면에서 심도 있게 살펴볼 때 근대화의 과정을 통해 여성들의 삶의 질과 문화적 수준에서 변화와 개혁이 있었음은 부인할 수 없다. 특히 신여성은 가부장적인 남성이나 고착적 인습에서 탈출해 여성 주체가 되고자 했고, 강압적인 식민지배 하에서도 그에 맞서 저항의 태도를 견지했던 민족 주체였다.

비록 신여성들이 자신들의 꿈을 온전히 이루지 못하고 사회적 모순과 스스로의 한계에 의해 분열과 소외를 겪고 좌절하기도 했지만, 시대를 앞서간 그녀들의 드높은 이상과 열정은 선각자로서의 면모를 드러내는 데 손색이 없었다.

근대여성에 대한 이야기를 마치면서 현대여성을 떠올려보는 것은 어쩔 수 없는 일이요, 행복하게 산다는 것은 불행이나 실패가 삶의 일부라는 걸 받아들이며 최선을 다하는 삶이 아닐까 생각해본다. 오늘을 살아가는 여성들이 보다 행복하길 바라는 마음이다.